POUR UNE CONTRE-RÉVOLUTION RÉVOLUTIONNAIRE

DU MÊME AUTEUR :

• *Fascisme et Monarchie : Essai de conciliation du point de vue catholique*, Éditions Vincent Reynouard, 2001.
• *Nihilisme, subjectivisme et décadence* (2 tomes), Samizdat, 2009.
• *Présentation de l'Institut Charlemagne sous le patronage de l'archange Saint Michel*, Éditions Dominique Martin Morin, 2016.
• *Désir de Dieu et organicité politique*, Reconquista Press, 2019.
• *Paganisme versus Catholicisme : Le Conflit non surmonté du nationalisme*, Reconquista Press, 2020.

Collaboration aux ouvrages :

• *Serviam : La Pensée politique d'Adrien Arcand*, Reconquista Press, 2017. (Essai)
• MISCIATTELLI (Piero), *Le Fascisme et les Catholiques*, Reconquista Press, 2018. (Postface)

Sous le pseudonyme de STEPINAC :

• *De quelques problèmes politico-religieux contemporains*, Samizdat VR, 2011.
• *Du problème du rapport entre Nature et Grâce dans le thomisme et le néo-thomisme, et de ses enjeux politiques contemporains*, Samizdat VR, 2011.
• *Éléments de philosophie politique* (préfacé par Claude ROUSSEAU), Éditions Franques, 2013.

Joseph Mérel

POUR UNE

CONTRE-RÉVOLUTION RÉVOLUTIONNAIRE

Reconquista Press

© 2017 Reconquista Press
www.reconquistapress.com

ISBN : 978-0-9933993-4-3

« Oh ! la sale gueule des honnêtes gens ! »
Pierre-Antoine COUSTEAU

INTRODUCTION

Il y a eu, dans l'espace et dans le temps, maints mouvements contre-révolutionnaires, destinés à enrayer la décadence. L'horizon de la décadence est le mondialisme, son moteur est le subjectivisme. Ce qui, en effet, donne aux individus et aux peuples d'être, c'est ce qui leur donne d'être ce qu'ils sont («*forma dat esse rei*»). Et ce qui leur donne d'être ce qu'ils sont, c'est ce qui leur impose de n'être, en acte, *que* ce qu'ils sont. C'est pourquoi, quand le subjectivisme — déification du moi, absolutisation de la conscience libre — se radicalise au point que la conscience en vient à ne plus supporter de se voir imposer une manière d'être qu'elle n'aurait pas choisie, cette même conscience, dans un même acte, se « libère » de ses limites naturelles et, à défaut de se donner une manière d'être à la fois particulière (pour se distinguer des autres) et universelle (être toute perfection en acte, réaliser un infini actuel, avoir pour particularité d'être suréminemment et par essence ce que les autres ne sont que par participation et de manière imparfaite), elle aspire, en singeant le divin, à se reconnaître dans l'indéfini (matériel et non formel) de l'indifférencié : n'être ni Blanc ni Noir, ni Homme ni Femme, ni Français ni Anglais, métis absolu aussi bien culturellement que biologiquement ; et la forme politique de cette pathologie fanatique de l'indifférencié, qui est un nihilisme (être, c'est être quelque chose de déterminé, *refuser toute détermination revient à choisir le néant*), n'est autre que le mondialisme. Depuis l'avènement de la prise de conscience du processus de la décadence, des hommes courageux et lucides se sont levés, qui voulaient ne pas mourir. Les bonnes volontés n'ont pas manqué, non plus que les talents, le courage, l'argent même, au moins jusqu'à une époque qui n'est pas si éloignée que cela de la nôtre. De surcroît, la notoriété de ces mouvements, et la séduction opérée sur une part non négligeable de la population — hommes du peuple, classes moyennes et membres reconnus de l'intelligentsia — purent à plusieurs reprises rendre vraisemblable l'idée d'une prise du pouvoir réussie. Pourtant tous ces mouvements ont échoué. On ne saurait invoquer, au titre de cause exclusive ou même principale, les entreprises subversives de la Juiverie, des Francs-maçons, des crypto-marxistes, des satanistes ou du démon lui-même un temps lâché pour éprouver la fidélité des croyants. On ne saurait exciper du progrès technique générateur d'hédonisme de masse, facteur de décadence morale. Quelque influentes qu'aient été de telles causes, elles ne suffisent pas à expliquer la constance depuis deux siècles et demi des victoires de la subversion.

Décadence et progrès technique

La pesanteur émolliente du progrès technique ne saurait rendre raison du surgissement des idées fausses et de l'individualisme qui les inspire.

Selon la leçon de Platon, un bien matériel est éminemment divisible et non participable. Est participable un bien qui peut être tout entier en chacun des membres d'une communauté sans être pour autant diminué, tel un bien spirituel — une vérité ou une vertu morale —, et même qui s'augmente du fait même d'être communiqué ou diffusé : le maître est d'autant plus savant et possesseur de sa science qu'il la communique plus généreusement. En revanche, un bien divisible — ce qui est le propre des biens matériels — est non participable : un même boisseau de lentilles ne peut être dans plusieurs ventres en même temps, sa communication l'appauvrit ; c'est pourquoi un bien matériel déconnecté de la recherche des biens spirituels est potentiellement générateur de discorde et de haine. Et le développement de la technique moderne est tout entier orienté vers le service des biens matériels et de leur accroissement indéfini ; c'est même la définition des sociétés industrielles : celles qui, selon la définition qu'en propose Claude Polin, se vouent en masse (en tant qu'elles en font une fin) à l'amélioration indéfinie des moyens matériels d'existence, et cela revient à substituer les moyens à la fin, par là à supprimer la fin, et par conséquent à se plonger dans l'absurde (ce qui est sans finalité est sans raison d'être). Par ailleurs, un bien commun — commun d'une communauté de causalité et non de prédication, par là aimé en tant que commun, dans sa diffusibilité même — est un bien qu'on aime non en tant qu'on le rapporte à soi, mais en tant que l'on se rapporte à lui. En effet, un bien que l'on rapporte à soi a raison de moyen, et de moyen de la satisfaction du Moi, lequel est absolument individuel et non commun, de sorte qu'un tel bien ne saurait être aimable à raison du fait qu'il est aussi le bien d'un autre, même si, matériellement, il peut être tel, en tant qu'abondant. En revanche, s'il est commun — tel ce bien politique ayant le statut de cause finale de la cité, ainsi ce bien commun d'autant meilleur qu'il est plus commun, par là raison du bien particulier même vertueux (moral) : la politique est science architectonique — il ne saurait avoir raison d'instrument ou de moyen, mais de fin, et de fin de la personne qui l'appète. De sorte que si les hommes n'avaient jamais cessé d'accorder aux biens spirituels la première place, jamais la créativité du génie technicien ne se fût développée anarchiquement, au gré des appétits consuméristes, en se déconnectant du service du bien commun, ainsi en se soustrayant à la mesure normative du politique. Loin d'être cause de décadence morale, le progrès technique désordonné, et ses effets pervers, en sont l'effet. Il est vrai que — le processus d'un progrès technique livré à lui-même étant lancé — l'effet jouit d'une autonomie lui donnant, par un phénomène d'action réciproque, de relancer la causalité de ce dont il est l'effet ; il demeure que, fondamentalement, c'est le déficit de moralité qui suscite le désordre de l'évolution technique.

Décadence et causalité des microbes spirituels

L'acte de vivre est le caractère d'un être auquel il revient de se mouvoir par soi, d'un mouvement spontané quant à son origine et immanent quant à son terme ; il y a autant de degrés de vie que de degrés d'immanence ; le mouvement peut être local, qualitatif, quantitatif, et substantiel (passage du non-être à l'être, au rebours des autres mouvements qui sont passages d'une manière d'être à une autre). Le propre du vivant est donc d'avoir en le posant, en lui-même, le « *terminus a quo* » du « *terminus ad quem* » qu'il est pour lui-même, en tant que résultat de sa propre activité ; mais le mouvement est aussi passage d'un contraire à l'autre ; aussi, étant résultat de sa propre activité (telle une machine — qu'il n'est pas — qui monterait ses propres ressorts), ce qui vit est tel que, le vivant étant « *terminus ad quem* » de son acte, il a en lui-même — jusqu'à un certain point — l'autre de la vie, ce non-vivre — cette mort — à partir duquel le vivant se fait vivre et dont il se fait ainsi procéder en s'anticipant en lui ; comme l'enseignait Bichat, relèvent de la vie les activités qui résistent à la mort, tout vivant a la forme d'une victoire — plus ou moins parfaite — sur la mort : Celui qui est la Vie est aussi la Résurrection, éternelle victoire sur le non-être. Dès lors, il est définitionnel du vivant d'entretenir sa vitalité en luttant contre l'agression, interne ou externe. Ce ne sont pas les microbes qui tuent, c'est l'impuissance à leur résister. De même qu'un corps sain n'est pas un corps sans déchets, mais un corps qui sait les éliminer, de même le vivant n'est pas ce qui est étranger à la mort, mais ce qui sait l'affronter et la dominer. S'il est vrai qu'une société est analogiquement vivante, toute société a toujours été menacée par des agressions internes ou externes, elle vit même de ce qui la conteste et qui lui enjoint d'exercer son acte polémique de vivre ; « *oportet haereses esse* » ; la leçon vaut non seulement pour les controverses religieuses, mais aussi pour les dissensions philosophico-politiques. La cause première des décadences n'est ni le saprophyte judaïque ni la trichine maçonnique ; comme l'enseignait saint Pie X, la force des méchants est la faiblesse des bons. Une société, une religion, une culture ne meurt que parce qu'elle renonce à vivre. *Ne perd ses raisons de vivre que ce qui a renoncé à les fonder en raison, ou qui n'a pas su comprendre qu'elles n'étaient pas encore invinciblement fondées*. Et tous les artifices du Tentateur ne peuvent que disposer au péché, ils sont bien incapables de contraindre le libre arbitre du pécheur, qui demeure cause première.

Contre-révolution et conflit des ego

On a aussi invoqué, pour innocenter les peuples des faiblesses et de l'inefficacité de l'activité contre-révolutionnaire, les querelles de personnes. Mais la vraie cause est ailleurs. Comme il vient de l'être suggéré, elle réside dans le fait que de telles initiatives de restauration ne répondaient pas aux vrais besoins historiques des moments où elles naissaient. Si la vérité est bien « *adaequatio **rei** et intellectus* », conformité de la pensée à la réalité, l'erreur est refus de cette conformité, fuite dans l'imaginaire et le chimérique ; or la vie est du côté du réel, de sorte que l'erreur est « déréalisante », par là mortifère. À la limite, elle porte en elle-même le principe de sa propre défaite. Or personne ne désire vraiment mourir (puisque le désir est lui-même acte vital), même si peu d'hommes sont assez lucides et volontaires pour se donner les moyens de vivre pleinement de manière véritablement humaine. Quand il existe une doctrine solide, rationnellement invincible, fondée sur des principes inexpugnables, les personnes qui s'y réfèrent puisent en cette adhésion intellectuelle le principe d'une unité pratique capable de conjurer les dissensions diviseuses. En fait, chaque mouvement contre-révolutionnaire, chaque chapelle bien-pensante, n'a eu — et n'a aujourd'hui, il le semble bien, quels que soient ses mérites — qu'une vision partielle des choses, en s'obstinant par présomption à ignorer cette partialité ; l'examen supposé exhaustif des maux du monde moderne, et leur dénonciation, sont censés suffire à les combattre victorieusement, comme si les vraies causes du mal présent ne s'enracinaient pas dans les défauts structurels du camp du « *bonum certamen* » (le bon combat). Toutes ces formations (autant de sœurs ennemies) communient dans l'incapacité foncière à distinguer ce qui, dans le très riche héritage spirituel dont elles prétendent ou s'efforcent à faire mémoire, manquait pour prévenir le surgissement de la philosophie moderne et du modernisme religieux.

Objet du présent travail

Rien n'est parfait en ce bas monde, pense-t-on avec un réalisme peu contestable, mais les choses allaient globalement dans le bon sens jusqu'en 1789, et puis la tendance s'est brutalement inversée, jusqu'à produire le libéralisme, l'individualisme, le subjectivisme, le communisme, le matérialisme, le mondialisme, etc. — autant de rejetons horribles dont le spectacle présent invite à sacraliser le passé, au point d'exclure qu'il faille chercher dans ce passé même les vraies raisons de l'inversion mortifère jacobine en laquelle s'enracinent toutes les pourritures de la décadence contemporaine. *Si le contre-révolutionnaire de cœur et de raison entend ne pas s'épuiser à reproduire une énième tentative de restauration avortée, il doit partir du principe que sa doctrine est incomplète, et que les échecs pratiques passés et présents s'enracinent dans des carences théoriques.*

C'est à la mise en évidence de quelques carences théoriques de la pensée contre-révolutionnaire, et à l'esquisse d'une solution générale à apporter à ces défauts, qu'est consacré le présent travail.

Il va de soi que le premier mouvement du cœur et de l'esprit à l'égard du passé de la contre-révolution, ainsi de ses pionniers, de leurs actions et de leurs productions théoriques, doit être un mouvement de piété filiale et de reconnaissance, parce que le contre-révolutionnaire contemporain ne serait rien sans ses ancêtres, auxquels il doit spirituellement tout. Mais piété filiale n'est pas ferveur obstinée ; la reconnaissance est d'autant plus vive qu'elle est plus éclairée, le fût-elle au prix de réserves critiques inspirées par la droite raison, par l'expérience, par le magistère ecclésial.

I

LA NATURE ET LA SURNATURE

Politique et religion

On peut, dira-t-on, avoir souci d'enrayer la décadence, et déjà être capable d'identifier notre monde actuel comme un temps de décadence, sans qu'il soit besoin d'en appeler à la religion, qui plus est à une religion déterminée ; mettre la religion en avant, c'est — pense-t-on — se couper de la bonne volonté des agnostiques, c'est s'enfermer dans le ghetto clérical, c'est limiter sa réflexion et son action à la sphère confidentielle et complètement inactuelle d'un cercle d'amis et de familles en général socialement déclassés, c'est d'emblée se retrancher dans le camp des vaincus s'évertuant à se lamenter en croyant — ce faisant — lutter, c'est substituer à jamais l'opération de dresser l'inventaire de ce qui est à faire à l'acte toujours ajourné de le faire, etc. Qu'en est-il en vérité ?

Pour le catholique, le combat politique ne saurait se déconnecter du combat religieux, puisque la fin du politique est pour lui, en dernier ressort, subordonnée à celle de la religion : la fin ultime de la création tout entière est la gloire de Dieu, laquelle est notre béatitude (Dieu est glorifié par Ses créatures en tant qu'elles sont habilitées par Lui à s'assimiler à Lui) ; or la religion seule mène l'homme à la béatitude éternelle.

Tout autant, un combat politique qui se voudrait indifférent au combat religieux pécherait non seulement contre le religieux mais encore contre le politique lui-même :

Si l'État se veut laïc, alors il est enfermé dans le dilemme suivant : ou bien, conformément à sa nature, il exige la subordination — au nom du primat du bien commun — de la société civile (sphère du privé) à lui-même, mais alors, la religion étant reléguée dans la sphère du privé, c'est la religion qui se voit subordonnée au bien de l'État, et cela revient à offenser la sphère religieuse dont le propre est de satisfaire aux réquisits d'une relation instaurée par l'absolu entre le relatif et l'absolu, ainsi d'une relation dont l'importance l'emporte sur toutes les autres formes de relation, dont la relation politique unissant les individus d'un même État ; ou bien la religion l'emporte, conformément à sa nature, en autorité et en importance sur la sphère du politique mais, étant reléguée dans la sphère du privé, c'est la sphère du public, celle de l'État et du bien commun, qui se voit subordonnée à la sphère privée, parce que cette dernière s'est vue sacralisée et comme absolutisée par la présence, en elle, du tout de la vie religieuse ; et c'en est fait de la majesté de l'État et de l'intégrité du bien commun. Il n'est qu'une manière de faire coexister sans conflits le politique et le religieux, c'est d'instaurer une religion d'État, qui soit respectueuse de la différence réelle entre les deux, à peine de se perdre dans une théocratie faisant s'indifférencier nature et surnature, et à terme, ce faisant, de laisser s'éventer le souci du surnaturel en le naturalisant, par là en absolutisant la nature, ce qui revient à faire le constat d'une identité dialectique entre théocratie et État athée. Quant à l'autre solution extrême, celle qui consisterait, plutôt qu'à substituer la religion au politique, à supprimer la religion au profit du politique, on aboutit tout autant à une dénaturation du politique lui-même, corrélative d'une solidarité obligée entre panthéisme et subjectivisme : si la vocation ultime de l'homme est terrestre, son désir infini d'infini doit trouver en cette vie terrestre sa nourriture spirituelle, ce qui revient à déifier la Nature ; mais alors, parce que la Nature n'accède — toute transcendance étant niée — à la conscience d'elle-même qu'en l'homme, force est de concéder que, dans cette perspective, c'est le divin lui-même qui se personnifie en l'homme, et derechef chaque conscience sera déifiée, récusant par avance de s'intégrer dans un tout dont elle subirait la loi immanente, et c'en est fait de la possibilité même d'un ordre politique. On voit bien qu'on ne saurait, sans dommage pour le politique lui-même, mettre entre parenthèses la question de la religion. Si l'appétit humain portant vers la chose politique — mode communautaire et temporel d'actuation des potentialités de l'essence humaine — prétend se consommer exhaustivement dans l'élément du politique, ainsi refuse de reconnaître en ce dernier un moment subordonné (comme préfiguration du souci religieux) d'actuation de cet appétit, il fait régresser le politique lui-même au point de le faire s'aliéner dans l'individualisme.

Il est donc nécessaire, non seulement quand on est un catholique conscient de l'urgence de l'action politique, mais encore quand on s'intéresse à la politique sans confesser un credo religieux, de commencer par s'interroger sur ce qui fait la spécificité de la religion catholique, et de la religion *catholique* en tant que cette dernière, par définition religion universelle, se veut telle *la* religion ; pour le catholique, il n'est qu'une manière d'être religieux, c'est d'être catholique ; et pour le souci religieux en général, vague et indifférencié, par là *pour ce souci dont on vient de voir qu'il est déjà là sans se déclarer tel dans le souci politique*, il n'est en droit qu'une manière de se réaliser, de s'actualiser en se donnant un contenu déterminé, c'est de s'avouer catholique, ainsi qu'il le sera établi ci-après. Il s'agira, ce faisant, de s'efforcer à définir de manière adéquate le point d'articulation — qui les rend solidaires (mais qui peut les rendre conflictuelles si cette articulation est mal conçue) — entre philosophie et religion, politique et Église, nature et surnature. On peut l'annoncer de manière liminaire : *c'est pour n'avoir pas adéquatement pensé une telle articulation que le combat contre-révolutionnaire, politico-religieux par essence, laissant un conflit subsister au sein de la finalité qu'il se proposait et se propose d'atteindre, a toujours échoué et continue à végéter.*

Catholicisme et « surnaturalisme »

La spécificité de la religion catholique consiste dans *l'affirmation d'une différence réelle entre nature et surnature*. (Est surnaturel ce qui excède l'ordre de toute nature créée ou créable, ce qui relève de surcroît d'un don absolument gratuit donnant à la créature qu'elle investit de vivre de la vie même de Dieu, par là d'être déiformée sans aucunement cesser d'être créature, par essence contingente). Cette différence n'est pas seulement de degré mais de qualité ou d'essence. Selon certaines religions, on est sommé de déprécier, voire d'exténuer la densité ontologique du monde pour s'habiliter à glorifier Dieu et à affirmer Sa transcendance. Tels sont le judaïsme, l'islam, le protestantisme. Pour d'autres (toutes les formes du paganisme, et en vérité du néo-paganisme), Dieu doit se rendre consubstantiel à Sa création pour lui donner sa consistance et lui conférer une valeur. Ce sont là deux erreurs symétriques, solidaires dans leur opposition même.

La première admet le principe de la création « *ex nihilo* », mais elle développe le sentiment que les perfections du créé et celles de l'Incréé sont rivales, antagoniques, en tant qu'elles seraient en raison inverse l'une de l'autre : tout ce qui serait donné à la créature serait ravi à Dieu. Et s'il est vrai qu'il y a coextensivité entre degré d'être et degré d'intelligibilité, alors, dans la perspective de la première erreur, on va insister sur le caractère irrationnel du monde créé, sur sa contingence intrinsèque (sa contingence extrinsèque n'est pas contestable, en tant qu'il est créé), on va même restreindre au minimum tout pouvoir mondain de causalité pour l'attribuer au seul Créateur ; on va aussi déprécier la valeur de la raison naturelle parce qu'elle est créée, et on va rendre la rectitude de la raison intrinsèquement dépendante de la foi.

Du point de vue de la deuxième erreur, on va nier la création proprement dite et tendre vers le panthéisme ; Dieu devrait s'investir dans sa création pour la faire être, et en retour la création s'en révélerait par nature comme déifiée, au point que l'immanence de l'absolu en viendrait contradictoirement à le faire se réduire au statut de substance indifférenciée des phénomènes du monde, intrinsèquement dépendante de ce qu'elle est supposée fonder.

Dans le premier cas, on interdit à la créature de recevoir sans ravir, dans l'autre on interdit au Créateur de donner sans rien perdre. Une forme édulcorée, supposée compatible avec le dogme catholique, de la pathologie présidant à la genèse de la première erreur, n'est autre que le **surnaturalisme**. Selon le naturalisme, qui est un pélagianisme, la créature, innocente de tout péché originel, serait à même de parvenir à sa fin naturelle sans la grâce[1] ; *selon le surnaturalisme, l'intromission de la vie surnaturelle dans la nature ne pourrait s'accomplir qu'au détriment des aspirations même non déviées de la nature dont l'office exclusif serait de renoncer à soi pour que la grâce l'investît au point — autant qu'il est possible — de s'y substituer* ; on raisonne ici comme si la propension au péché originel qui dénature la créature lui avait été originellement consubstantielle et demeurait telle pour lui. Mais c'est bien là laisser entendre, sans avoir le courage de le professer explicitement, que toute dispensation de bienfaits naturels serait un vol dont Dieu serait victime (puisqu'une telle dispensation se retournerait nécessairement contre son Auteur), un emprunt non autorisé qu'il faudrait restituer par exténuation de l'ordre naturel. C'est aussi là — si l'on se souvient que la surnature n'est autre que la vie, ainsi la nature même de Dieu — renouer avec les travers de la deuxième erreur se révélant par là entretenir avec la première une relation dialectique : relation entre deux extrêmes contraires qui s'opposent en tant qu'ils appartiennent au même genre et nourrissent de ce fait une complicité subreptice les faisant s'identifier l'un à l'autre. Pour être, la créature devrait être déformée : si la nature en tant que nature est suspecte et

---

[1] Et c'est là bien évidemment une erreur, puisque, selon l'heureux mot de Chesterton, la nature étant blessée depuis le péché originel, « ôtez le surnaturel, il ne reste même plus le naturel ».

incapable de ne pas céder au mal, c'est que l'œuvre divine n'est innocente du mal qu'à condition que le divin l'investisse et se confonde avec elle ; c'est, en termes empruntés au vocabulaire chrétien, que l'œuvre créatrice divine n'est innocente du péché qu'en s'accompagnant de manière obligée de la grâce restauratrice. L'austère pessimisme de la première erreur à saveur augustino-janséniste se retourne logiquement contre les intentions de ses défenseurs, en ce sens que si la nature n'est plus rien, ou presque rien, on ne voit pas qu'elle puisse encore remplir son office de sujet réceptif de la grâce, car il faut être pour recevoir, et être quelque chose pour être ; et cette carence logique solidaire d'une fausse conception de l'humilité (avoir besoin, pour se disposer à glorifier Dieu, d'abaisser la créature en tant que créature et non seulement en tant que pécheresse), se révèle aussi solidaire, en tant qu'elle se convertit en la seconde erreur, de l'orgueil présidant à la genèse de l'esprit néo-païen, c'est-à-dire subjectiviste : la nature n'est nature, et n'est, que si elle est divine, et la nature n'est divine que si la conscience humaine est Dieu.

Le point commun aux deux erreurs est qu'elles ne comprennent pas que Dieu est d'autant plus parfait qu'Il sait se communiquer plus amplement, parce que la communicabilité du bien est définitionnelle de sa perfection. On croit souvent par exemple que nos actes libres vertueux seraient d'autant moins méritoires que nous sommes plus aidés par la grâce, comme si la grâce faisait nombre avec la nature ; mais c'est le contraire qui est vrai : la grâce est recréation autant qu'elle est ajout (il conviendrait, au reste, de rendre raison de cette propriété paradoxale : restaurer ce qui est en le refaisant à partir de rien, être un don ontologiquement porteur du donataire auquel il se livre ; être un donataire incluant le non-être de lui-même à partir duquel il est recréé), elle soigne autant qu'elle surélève ; plus Dieu consent à se communiquer surnaturellement à nous, plus nous nous réconcilions avec nous-mêmes et redevenons nous-mêmes, plus nous nous possédons nous-mêmes, plus nos actes volontaires nous sont imputables ; plus nous sommes aidés, plus nous méritons. Plus la création ressemble à Dieu et tend à s'assimiler à sa Cause exemplaire, plus Dieu manifeste sa perfection et accuse Sa transcendance, laquelle est un concept et non une représentation. Plus Dieu communique sa perfection en posant des similitudes participées, plus Il les donne à elles-mêmes, et inversement. Une cause est d'autant plus parfaite qu'elle produit des effets qui sont aussi des causes. Le créé est ainsi doté, selon le catholicisme, d'une intelligibilité et d'un pouvoir de causalité qui lui sont intrinsèques, ces deux propriétés étant liées : ce qui rend le réel intelligible est son essence, laquelle est cause des comportements de ce dont elle est l'essence. L'ordre naturel a sa consistance propre, il exclut d'être « court-circuité » par le don de la grâce.

II

LA POSSIBILITÉ D'UNE INTELLIGENCE DE LA FOI, CRITÈRE DISTINCTIF DE LA VRAIE RÉVÉLATION

La différence réelle de la nature et de la surnature, entendues tels deux termes dont l'un est posé par l'autre (la nature du créé est bien posée par la nature divine) qui par là se l'oppose mais en vue de s'unir à lui dans un hymen (Dieu se communique par Sa grâce à la créature) non ablatif de leur différence, est bien ce qui spécifie le catholicisme. Or *c'est la raison naturelle qui distingue entre nature et grâce*. Par exemple, quand la Révélation nous enseigne que c'est par le péché — Adam ayant été créé en état de grâce et doté de dons préternaturels — que la mort est entrée dans le monde, la raison philosophique rappelle que l'homme est par nature mortel, que la mort n'est pas de soi une imperfection naturellement évitable ou un châtiment, et que l'élaboration d'une philosophie morale se fonde en droit non sur le modèle de l'Adam supra-lapsaire, mais sur l'archétype de cet homme tel qu'il eût été s'il avait été créé «*in puris naturalibus*» (ce qui, de fait, n'a pas eu lieu) ; c'est par induction et raisonnement que la simple raison discerne, dans ce qui est (l'homme pécheur, ou même simplement l'homme non encore actualisé dans toutes ses puissances opératives), ce qui doit être du point de vue de l'ordre naturel dont la connaissance ne saurait être facultative en état post-lapsaire de créature rachetée, puisque la grâce perfectionne la nature dans le moment où elle la surélève, par là la réordonne à ses fins naturelles, et qu'il est dans la nature de cette nature, parce que rationnelle, de découvrir les règles auxquelles elle doit se conformer ; la Vision béatifique et la science infuse du Dieu-Homme ne Le dispensèrent pas d'avoir été en demeure d'apprendre de manière progressive tout ce qu'Il sut en tant qu'homme, tout comme les autres hommes. Puis donc que la raison naturelle distingue entre nature et grâce, elle embrasse intentionnellement les deux ordres afin de les distinguer adéquatement, elle est donc supposée — si l'on peut ainsi parler — capable — fût-ce de manière infiniment confuse — de prendre la mesure de la démesure de la surnature par rapport à la nature (elle doit paradoxalement s'objectiver, elle qui est naturelle, l'incommensurabilité entre nature et surnature), et le seul fait de s'objectiver sa propre finitude prouve *ipso facto* qu'elle est, « *secundum quid* », infinie. Elle doit ainsi en retour être à même de se démesurer sans cesser d'être elle-même, et c'est en ce sens qu'elle est potentiellement et passivement « *capax Dei* ». Mais à ce titre même de raison infinie, non cantonnée à la considération d'un certain degré d'intelligibilité, elle est invitée à développer une intelligence de la foi. Si l'objet propre de la raison humaine est la quiddité du sensible, son objet adéquat est l'être en tant qu'être ; or tout est de l'être, même Dieu qui est ce que les autres ont.

Analogie et univocité, finitude et infinité de la raison

Le pieux censeur catholique sourcilleux est plus soucieux de traquer avec convoitise les supposées dérives hérétiques inspirées par la « *libido sciendi* » que de progresser dans l'intelligence de sa foi, et c'est à cette traque vindicative que semble se réduire en fait son effort d'intelligence de sa foi. Parce qu'il lui est difficile de distinguer entre représentation et concept, entre transcendance (« distance » infinie) et différence réelle entre Dieu et la créature, ce censeur, suspectant un relent d'ontologisme malebranchiste dans l'affirmation de l'infinité potentielle de la raison créée, se croira autorisé à couper court à toute prétention de la raison créée en exhibant avec un cri de victoire la doctrine thomiste de l'analogie, et plus exactement ce qu'il comprend et retient de cette dernière. Il dira donc que l'être est une notion analogue, que l'être divin est à Dieu ce que l'être créé est à la créature, qu'il n'existe qu'une analogie de proportionnalité et que l'être comme concept ne saurait embrasser Dieu, de sorte que, en dernier ressort, l'être en tant qu'être, ou être entendu tel l'« ens commune », potentiellement infini (l'intellect l'ayant pour objet étant aussi infini « *secundum quid* »), n'est en soi, en fait, qu'un être de raison. Un Capreolus, « prince des thomistes », n'avait pas ces scrupules en déclarant sans vergogne : « *Deus includitur sub ente* ». Le sourcilleux pourfendeur d'hérétiques rappellera légitimement que l'objet de la métaphysique ne s'obtient pas par « *abstractio totius* », laquelle consiste à tirer le genre de ses inférieurs logiques et fait aboutir par là, au-delà des genres, à l'indéterminé potentiel de la matière prime ; cette dernière, en tant que prime, n'est pas, par là n'est pas même matière. Notre censeur montrera que l'objet de la métaphysique s'obtient par « *abstractio formae* » : tirer la forme de la matière, et l'on aboutit alors dans la ligne d'une telle abstraction, et au-delà de l'ordre spécialissime, à la désignation de l'actualité pure définie en et comme « *actus essendi* ». Notre même censeur fera observer que la notion d'« *actus essendi* » échappe en fait à toute appréhension conceptuelle, et que l'on doit en rester à l'analogie de proportionnalité qui cantonne la connaissance humaine de l'être en tant qu'être à celle de l'étant fini, l'étant absolu ne supportant au mieux que d'être désigné telle la cause des perfections finies, de telle sorte que l'« *actus essendi* », acte des actes et perfection des perfections, ne sera jamais, rationnellement, l'objet que d'une connaissance apophatique ; il faudra en inférer que la raison humaine est finie au sens où la seule manière pour elle de signifier l'autre du fini sera de parler d'« in-fini », de non fini, ainsi de connaissance négative. Mais cette connaissance négative, en vérité (notre censeur en est-il pleinement conscient ?), se résout en dernier ressort en négation de la connaissance : toute mesure qualitative se prend par rapport à un maximum, et juger quelque chose revient à le mesurer à l'aune d'une perfection (« ceci est beau » équivaut à « ceci participe à l'Idée de beauté ») ; or connaître est juger ; donc si le maximum est lui-même inconnaissable, la chose que l'on dit connaître ne le sera pas ; il faut bien disposer d'une précognition de l'Idée de beauté pour juger les choses belles ; et l'Idée de beauté ne saurait *procéder* d'une induction opérée à partir de l'expérience des choses belles, puisque le rassemblement opéré par l'esprit d'exemples de choses belles, sur lesquels s'exercera l'acte d'induire, *présuppose* cette Idée ; l'acte inductif présuppose lui-même un savoir *a priori*, quand bien même un tel savoir ne sait pas qu'il sait. Il n'y aura pas lieu, dans la perspective de l'apophatisme, d'en appeler à une infinité de la raison humaine lui enjoignant de développer une intelligence de la foi, sinon pour des raisons apologétiques (montrer que la foi ne contredit pas la raison, mais il faudra en rester là en fait d'effort d'intellection de la nature de la cause première ; il ne s'agira de satisfaire la simple raison que pour qu'elle cesse de retarder, « en ergotant », l'abandon à la foi). Et force est de rétorquer à ce plaidoyer pour l'analogie de proportionnalité que la doctrine de l'analogie n'est intelligible qu'à condition d'intégrer une part d'univocité (vérité captive du scotisme, qui se fourvoie non tant en déclarant que l'être est univoque — il l'est sous un certain rapport, même s'il est aussi analogue sous un autre —, mais en ce sens que, étant univoque, il ne serait presque rien et désignerait ce qu'il y a de plus pauvre dans l'étant) : pour attester des différences (déclarer que « être » ne signifie pas la même chose quand on parle de Dieu et quand on parle de la créature), il faut que les différents soient comparables, et ils ne sont comparables que s'ils ont quelque chose de commun ; dans le premier livre de l'*Ordinatio* (I d. 3, p. 1, q. 1-2, n. 26 q.), Duns Scot montre en quoi, selon lui, il doit exister un concept univoque de l'ens ; il n'a qu'un seul argument mais il est déterminant ; « on peut bien douter de savoir si Dieu est infini ou non, s'il y a un Dieu ou plusieurs dieux, on peut bien douter de savoir quelle est la nature exacte du fini ; mais avant de douter de tout cela, on doit, ne serait-ce que pour en douter, les comparer à partir d'un seul concept d'être » (Jean-Luc Marion, dans *Jean Duns Scot ou la révolution subtile*, Fac-éditions France-Culture, 1982, p. 90) ; et cet argument n'est guère discuté par les thomistes, parce qu'il est irréfutable. « Si donc le non-être ne se conçoit que par l'être et l'être possible que par l'être réel, et si l'être exprime l'acte pur d'exister, il suit que l'être est la première idée conçue par l'intelligence, et que cet être est l'Acte pur. Mais ce n'est pas un être particulier où l'exister se trouve restreint par le mélange de puissance et d'acte, ni non plus l'être analogue, vide de toute actualité, parce que dénué de toute existence. Il reste que cet être soit l'Être divin » (*Itinerarium mentis ad Deum*, V). Saint Bonaventure avait préalablement remarqué : « *Quomodo autem sciret intellectus, hoc esse ens defectivum et incompletum, si nullam haberet cognitionem entis absque omni defectu ?*[2] » (*ibid.* III). Dans le même registre, saint Albert enseignait : « *Si cognoscimur quid [Deus] non est, oportet nos infinite cognoscere quid est, quia affirmatio est causa negationis ; et nihil potest cogitari de aliquo nisi per hoc quod oppositum negati vere praedicatur de ipso*[3] » (*Somme de théologie*, Iª, tract. 3, q. 14, m. 1, ad 2).

On pourra faire observer à bon droit, avec l'Aquinate, et dans la ligne d'un plaidoyer pour l'analogie d'attribution entendue tel le fondement de l'analogie de proportionnalité, que la cause première contient éminemment ou superlativement, selon un mode qui nous est inconnu, ses effets (*S. Théol.* Iª q. 13), qu'ainsi les Noms divins ne relèvent pas de l'apophatisme ; on s'autorisera alors de ces constats pour affirmer

---

[2] Mais comment l'intellect pourrait-il savoir que cet acte d'exister est incomplet et déficient, s'il n'avait préalablement une connaissance de l'être auquel rien ne manque en tant qu'être ?

[3] Si nous savons ce que Dieu n'est pas, il faut que nous sachions, certes de manière infiniment confuse mais réelle, ce que Dieu est, car l'affirmation est cause de la négation. Et rien ne peut être conçu de quelque chose à moins que l'on ne soit capable de prédiquer positivement de lui le contraire de ce que l'on nie de lui.

qu'une science de l'être en tant qu'être est possible, sans pour autant rien concéder aux partisans de l'univocité de l'être. Mais cette démarche n'est pas sans difficulté. Il resterait alors à expliquer, en effet, comment doit être organisée la cause première pour être capable de contenir superlativement ses effets (les perfections finies par lesquelles on désigne — analogiquement — leur Cause), ainsi pour les maîtriser au point de les donner à eux-mêmes en les faisant exister pour soi indépendamment d'elle, sans rien perdre de ce qu'elle est, et sans qu'ils se distinguent réellement d'elle en tant qu'ils sont en elle ; il resterait ainsi à expliquer comment il se peut que la Cause première puisse avoir ce qu'elle est, et être ce qu'elle est à raison de cette aptitude à l'avoir sans cesser de l'être. Or cette exigence d'explication ne trouve pas dans une doctrine de l'analogie, même selon l'attribution, de réponse complètement satisfaisante. Que l'être en tant qu'être, ou être absolument être (le produit de l'« *abstractio formae* » désigne l'universel ou le commun à tous, en tant qu'il est la cause de tous, ainsi donc en tant qu'il est en soi et par essence ce que les autres dont il est cause ne sont que par participation), ne soit ce qu'il est que par sa vertu de demeurer identique à soi dans l'acte de se différencier de soi (être ce qu'on a, c'est ne l'être pas pour l'avoir, et ne l'avoir qu'en tant qu'on l'est), cela suppose qu'il soit infini en tant que cause première (non participant mais seulement participé), et qu'en même temps il soit fini à raison même de son infinité (différent de soi parce qu'identique à soi), et cela même exige qu'il soit victoire sur la finitude qu'il assume. On verra plus bas selon quels réquisits il peut remplir ces conditions sans contradiction. Mais il peut être avancé dès à présent que, si l'infini sait se faire fini sans cesser d'être infini, par là sait réduire le fini à un moment intemporel de sa vie infinie immobile — le fini créé étant extérieur à Dieu en tant que donné à soi, distrait de la vie divine, contractant par là un mode d'existence différent de celui qu'il exerce de toute éternité en Dieu —, en retour la saisie du fini peut autoriser l'esprit spéculatif à désigner par la considération de ce fini, en tant que désolidarisé de sa manière créaturelle de subsister, quelque chose de l'Infini concret tel qu'il est en Lui-même ; ce qui nous fait « *secundum quid* » accéder à l'univocité sans cesser de demeurer dans l'analogie.

Dès lors, si le caractère analogue de l'objet adéquat de l'intellect humain exige sous un certain rapport que soit reconnu à la notion qui le désigne une certaine part d'univocité, force est corrélativement de convenir que le caractère fini de la raison humaine, inhérent à son statut de créature, exige que lui soit concédé, sous le même rapport, une certaine forme d'infinité. Ce qui revient à dire que l'intelligence de la foi ne saurait se limiter à la pieuse entreprise consistant à établir que la foi ne contredit pas la raison. Sans que la surnature soit exigible de quelque façon que ce soit, l'infinité naturelle de la raison établit entre elle et la foi une convenance invitant la raison — pour autant que la foi lui soit offerte — à s'assimiler le contenu de la foi, dans une quête de conversion de la foi en savoir, qui ne s'achève que dans la Vision.

Selon Aristote (*De Anima*), les vivants mortels sont voués à engendrer parce que, à défaut de parvenir à les faire accéder à l'immortalité individuelle, leur nature aspire à les faire vivre indéfiniment au moins selon l'espèce : promouvoir la pérennité de son espèce par l'opération de la génération, c'est, pour l'individu ontologiquement débile, sa manière vicariante de « participer à l'éternel et au divin » ; selon ce point de vue qu'on ne saurait contester, mais qui peut-être souffre d'une certaine unilatéralité, le désir et le pouvoir d'engendrer ne sont que des substituts de l'immortalité, de sorte que ce qui est immortel, voire éternel, ne devrait pas être disposé à engendrer ; or la Révélation chrétienne, qui peut susciter l'interrogation philosophique, nous apprend au contraire, avec le Dogme trinitaire, que le Parfait qui est éternel est Géniteur éternel : Dieu ne serait pas Dieu s'Il n'était Père, et Fils et Esprit. Cette invitation au progrès de la raison sous la bienveillante provocation de la Révélation nous dispose à entrevoir que le Parfait ou l'absolu exerce *nécessairement*, de toute éternité et indépendamment de la création en tant que Parfait, mais selon son mode propre, ce qui est naturellement dévolu à l'imparfait, qu'ainsi il n'est pas sans se faire assomptif de l'imparfait qu'il assume, et qu'il assume pour le faire se sublimer ; il est définitionnel du parfait de se faire victorieux de l'imparfait en lequel il se risque : « *non coerceri maximo, contineri tamen a minimo, divinum est* » (Hölderlin[4]). Dans cette ligne rationnelle, est ainsi suggéré que l'infini actuel n'est pas sans l'épreuve exercée par lui de la finitude qu'il fait se renier en lui dans l'acte où il s'aliène librement en elle. Mais cette même ligne rationnelle nous dispose à penser que si le créé est une participation finie à un Participé actuellement infini, en retour le créé prendra part à la perfection de l'Incréé de telle sorte qu'il lui ressemblera analogiquement non seulement quant à ce qu'il y a de positivement excellent dans ce créé, mais aussi quant à ce qu'il y a de négativement bon en lui, ainsi dans ce qui le constituera comme fini, et en tant que fini. Appliquons ce résultat, qui n'est encore qu'une intuition, au rapport entre foi et raison :

Selon le point de vue traditionnel (dont la vérité ne saurait être contestée), le don gratuit de la foi donne à la raison d'accéder à des vérités qui excèdent ses pouvoirs propres, mais elle doit pour y accéder renoncer à savoir, afin de consentir à croire ; sous ce rapport, la foi n'est que le substitut d'une raison parfaite, le palliatif à une raison structurellement déficiente : connaître adéquatement, ainsi par science, c'est saisir la cause (car l'essence est cause), et posséder la cause est disposer du « pourquoi », lequel est principe permettant de rendre raison ; croire sans voir, ou sans savoir, c'est renoncer à ce qui permet de rendre raison, c'est donc sous ce rapport renoncer à la raison même, à tout le moins aux prétentions de la raison à tout « arraisonner », et, parce que renoncer à rendre raison revient à renoncer à ce qui constitue l'office propre de la raison, croire sans voir est renoncer à la raison en tant qu'elle est humaine, par essence débile.

---

[4] *Hyperion*, tiré d'une oraison funèbre pour saint Ignace de Loyola.

LA POSSIBILITÉ D'UNE INTELLIGENCE DE LA FOI

Mais tout ce discours doit être relativisé en tant que référé à l'intuition dont il vient d'être question, et qui sera corroborée et rationnellement fondée dans un prochain chapitre : la raison, jusque dans sa finitude, fait mémoire d'une perfection divine, dans la mesure où, de même qu'il est nécessaire que l'infini soit la négation du fini en lequel celui-là se préfigure, de même il est rationnel qu'il y ait de l'irrationnel ; il est définitionnel de la raison en tant que raison qu'elle se fasse sourdre de ce en quoi elle s'aliène, ainsi de son propre renoncement momentané à elle-même : il y a causalité réciproque entre intellect et volonté, il faut vouloir penser pour penser, cependant qu'il faut penser pour vouloir, et il n'est possible de sortir de l'aporie liée à cette action réciproque (posséder A comme condition d'accès à B, et posséder B comme condition d'accès à A : il faut bien que A et B coïncident « *secundum quid* », sans cesser de demeurer distincts, sans quoi aucun des deux ne parviendra à opérer) que s'il est admis que, sous un certain rapport, la volonté, bien que réellement distincte de la raison, ainsi entendue comme *appétit* de la raison (génitif objectif), soit tout autant, sous un autre rapport, appétit *de la raison* (génitif subjectif), car c'est seulement ainsi qu'intellect et volonté peuvent coïncider sans oblitérer leur différence. La raison meut la volonté mais, parce que la volonté meut aussi la raison, c'est que *la raison se fait volonté* pour se faire mouvoir par elle[5]. L'acte de la raison se fait ainsi dépendre, nécessairement, de la contingence de l'acte volontaire, et il est rationnel qu'il en soit ainsi, car une raison qui ne serait pas libre ne serait pas raison :

---

[5] On peut toujours se tirer d'affaire en disant que la volonté meut l'intellect « *quantum ad exercitium actus* » quand l'intellect meut la volonté « *quantum ad specificationem actus* », qu'ainsi la causalité réciproque se fait sous des rapports différents et qu'il n'y aurait pas d'aporie ; mais c'est là se payer de mots, s'il est vrai que l'on ne peut vouloir qu'en voulant quelque chose, de même que l'on ne peut penser en général qu'en pensant quelque chose de déterminé ; pour choisir de vouloir plutôt que de ne pas vouloir, la volonté doit déjà avoir été éveillée par un objet que lui propose l'intellect.

c'est en tant qu'elle peut revenir sur son acte (en tant que jugement qui se juge) que la raison exerce sa toute-puissance en se faisant critique à l'égard d'elle-même, par là s'intronise juge de ses propres opérations, mais, ce faisant, la raison prouve par là qu'elle n'est pas nécessitée à poser son acte (puisqu'elle peut le remettre en cause), ce qui revient à dire qu'elle est libre. Et cela explique qui l'invitation à l'acte de foi — selon lequel c'est la volonté, mue par la grâce, qui meut la raison et la dispose à accepter la vertu théologale de foi[6] — soit explicable non seulement en termes de débilité naturelle de la raison humaine, mais encore en termes de perfection pour la raison elle-même en tant que perfectionnée — par un tel don — non seulement dans son aptitude à découvrir des vérités qui l'excèdent, mais encore dans son acte et son essence de raison en tant que raison : en invitant la raison à se faire dépendre de la volonté, la foi invite la raison à accuser réception de cette dépendance obligée de la raison à l'égard de la volonté, dépendance qu'il faut entendre telle une dépendance de la raison à l'égard d'elle-même, en tant que victorieuse de l'éclipse (en et comme désir d'elle-même) à laquelle elle consent.

Sous ce dernier rapport, on comprend

a) qu'il soit dans l'intérêt de la raison en tant que raison de consentir à la foi, laquelle est le moyen divin, non seulement de pallier un déficit naturel, mais encore d'augmenter — paradoxalement — une similitude entre raison finie et Raison infinie ;

b) que le don de la foi ne dispense nullement la raison de chercher par ses propres forces — puisque ces dernières font analogiquement mémoire de la perfection de leur Auteur jusque dans leur finitude même — à connaître tout ce à quoi elle est naturellement destinée, ce qui revient à dire que la sagesse surnaturelle qui nous vient de la grâce ne nous dispense nullement de rester en quête de cette sagesse naturelle dispensée par

---

[6] Croire est un acte de l'intellect en tant qu'il est porté par la volonté à donner son adhésion (saint Thomas, *S. Théol.* II^a II^{ae} q. 2 a. 5 et q. 5 a. 5).

LA POSSIBILITÉ D'UNE INTELLIGENCE DE LA FOI

l'étude de la philosophie ; on entend trop souvent dire que, tout compte fait, la sagesse philosophique serait caduque depuis que nous avons la foi, et qu'elle servirait au mieux d'« *ancilla theologiae* », d'instrument d'explicitation du dogme théologique ; on entend ainsi dire que la morale naturelle ne vaut plus grand-chose depuis que l'homme jouit de la Révélation ; et bien entendu on procède à une extension de cette caducité supposée au domaine politique : la Révélation nous dispenserait de nous référer à une philosophie politique ; elle serait — par l'Ancien Testament (la royauté davidique) — porteuse de modèles politiques indépassables ; ou bien on déclare que la politique serait vouée à se résorber en morale chrétienne, et qu'elle perdrait toute spécificité. Mais c'est là encore un effet du surnaturalisme. Le peuple juif n'avait de raison d'être que comme préfiguration — en forme politique, ainsi inadéquate puisque l'Église est au-delà du Politique, mais cette inadéquation était convenable puisqu'il ne s'agissait que d'une préfiguration destinée à passer — de l'Église, et comme milieu propice à la venue du Messie (l'Oint : « *massi* » en arabe signifie « essuyé » : l'huile sacrée est répandue sur l'élu et ensuite essuyée). Le roi juif était la préfiguration du pape, et sous ce rapport sa légitimité était religieuse et toute surnaturelle, d'où l'onction. Mais précisément, cela ne valait que pour cette instance momentanée qu'était le peuple juif considéré dans sa vocation légitime, cela n'avait pas vocation à valoir pour les rois chrétiens, parce que la vocation de ces derniers est naturelle et pérenne.

III

DÉVELOPPEMENT

1. Les vrais pouvoirs de la raison naturelle, contre toute tendance fidéiste

La raison doit avoir des raisons de croire : « ils ont beau me crier : soumets ta raison ; autant m'en peut dire celui qui me trompe : il me faut des raisons pour soumettre ma raison » (J. J. Rousseau, *Émile* IV). Et il est de foi de croire que la raison peut sans la foi (Vatican I) prouver l'existence de Dieu. Il existe bien une exaltation *catholique* de la valeur de la raison (c'est pourquoi le moderniste nie la pertinence et la valeur des « *preambula fidei* »). Ce qui peut être illustré comme suit.

La raison est à la fois finie et infinie. Elle est l'intellect en tant qu'il se meut. Or l'intellect est réflexif, et l'Aquinate enseigne même dans le *De Veritate* que « *cognoscit intellectus veritatem quod supra seipsum reflectitur* » (l'intellect connaît la vérité parce qu'il peut revenir sur lui-même). On ne saurait savoir, connaître — dans la prolation d'un jugement vrai — ce qui est, sans savoir qu'on sait : s'il ne sait pas qu'il sait, s'il ne se sait pas sachant, l'intellect est incapable de prendre acte du fait que quelque chose lui est donné à connaître, et pour cette raison il ne le connaît pas. Sartre, au début de *L'Être et le Néant*, faisait justement observer que si ma conscience de table n'était pas en même temps conscience d'être conscience de table, elle serait conscience de cette table sans avoir conscience de l'être, elle serait une conscience inconsciente, ce qui est absurde. Si, en termes scolastiques, l'intellection est bien l'acte commun de l'intellect et de l'intelligible, alors un intelligible en acte, objet connaissable pour l'intellect, est nécessairement l'acte d'une intelligence, ainsi une intellection, de sorte que, en se portant sur son objet, l'intellect se porte tout autant sur lui-même ; si l'espèce (« *id quo res cognoscitur* » : ce par quoi la chose est connue), actualisée par l'intellect agent, informe un intellect possible destiné à s'actualiser — dans la prolation immanente d'un « *verbum* » — en s'exprimant à lui-même ce qu'il est devenu en tant qu'informé par cette espèce, si de plus c'est dans et comme actualisation de soi dans l'expression de ce verbe qu'il connaît la chose à connaître, il est clair qu'il ne la connaît qu'en se connaissant lui-même. Aussi, toute connaissance du réel est-elle intégrée, nécessairement, à l'identité à soi réflexive du cogito. Or ce qui est réflexif est circulaire, et ce qui est circulaire est infini, parce que le mouvement circulaire a la forme d'une négation de négation, dès lors que l'avancée dans un tel processus est tout autant régression vers l'origine de ce processus. Et ce qui a la forme d'une négation de négation est ce qui, contenant dans soi-même sa propre limite (ce à partir de quoi il y a de l'autre que lui), contient par là même son autre et n'est pas limité par lui. Comme on l'a vu, se savoir est s'objectiver, se mettre à distance de soi, et c'est là par définition excéder sa limite. S'objectiver sa finitude est *ipso facto* se placer au-delà d'elle. Ce qui est infini sans être déterminé n'est infini qu'en puissance, indéfini. Ce qui est déterminé est en acte, mais, comme déterminé, il semble bien qu'il soit condamné à être fini (« *omnis determinatio negatio* », enseignait Spinoza). Dès lors, l'infini concret ou actuel doit être à la fois fini (pour être actuel : il doit être « fini », au sens d'achevé) et infini (pour n'être pas limité, de sorte que sa détermination n'est pas une privation). Et cela est possible si et seulement si l'infini actuel a son propre point de départ (celui de sa réflexion sur soi par laquelle il pose ce qu'il présuppose, posant les termes — lesquels s'identifient en un seul — qu'il relie, telle une relation à soi positionnelle de soi, de sorte que ce qui se réfléchit est sa réflexion même) pour limite, car alors d'une part il admet un au-delà de lui-même (il s'agit d'une vraie limite, ainsi d'une

DÉVELOPPEMENT

détermination effective ou d'un acte) qui cependant ne fait que ramener à lui-même et s'accomplit dans lui-même, par là lui est intérieure et ne lui impose aucune borne. Cela dit, le cogito, même celui d'une créature, est une réflexion, donc il est infini, et est infinie avec lui la raison qu'il est en tant qu'il se meut, *cependant qu'il n'est pas la raison suffisante de la réflexion qu'il exerce*, autrement il serait acte pur et divin : l'opération par laquelle il se pense serait positionnelle de l'existence de sa pensée, ou puissance d'opérer. N'étant pas acte pur, il est dès lors, nécessairement, fini dans la ligne de son actualité existentielle. De ce fait, *la raison humaine n'est pas la raison suffisante de la rationalité qu'elle exerce*. Mais en tant que finie elle se sait en demeure d'admettre, par le fait même, la possibilité d'un au-delà d'elle-même, à savoir l'acte de foi. En tant qu'infinie, la raison qui se sait telle sait que rien d'extérieur à elle ne la limite, par là que rien de ce qu'elle n'est pas n'échappe à sa soif d'intellection. Il en résulte — contre Kant, fossoyeur en chef de la métaphysique — qu'elle sait que ses exigences logiques ont une portée ontologique, que l'ordre de ses raisons de connaître est l'ordre des raisons d'être, et qu'elle peut sans scrupule affirmer l'existence ou réalité de ce qu'exige sa logicité[7]. Tout ce que nous connaissons avec certitude procède « *ex lumine rationis divinitus interius indito quo in nobis loquitur Deus* » (*De Veritate*, 11, 1, 13 ; tout ce que nous connaissons avec certitude procède de cette lumière de la raison naturelle divinement

---

[7] Si la raison est infinie (sans être sa propre origine), c'est que le réel est rationnel (il faudrait qu'il fût irrationnel pour se soustraire et se rendre étranger à elle, inconnaissable, et alors, extérieur à elle, à son champ d'investigation, il lui imposerait une limite qui la rendrait finie) ; la raison d'une créature n'a pas le pouvoir de faire exister les objets qu'elle pense, mais, pour autant qu'ils lui sont donnés à connaître, elle peut en droit les connaître et, puisque la pensée se pense en les pensant, c'est que ses propres catégories sont celles du réel, tout comme ses lois (lois physiques pour les phénomènes sensibles, lois métaphysiques pour les réalités spirituelles) ; les lois de la logique ont une portée ontologique.

infusée en nous par Dieu qui, en elle, parle en nous) ; la raison sait que le savoir qu'elle a d'elle-même (et d'elle-même sachant ce qu'elle sait) équivaut au savoir que Dieu a de Lui-même en elle, elle se sait dans le sillage de la Raison absolue (il y a *des* esprits, et d'abord l'Esprit incréé et les esprits créés, mais il n'y a qu'une logique, une seule rationalité, sur la Terre comme au Ciel, pour ce monde comme pour tous les mondes possibles) ; c'est pourquoi elle ne tombe pas — contradiction « *in actu exercito* » de tous les apophatismes — dans l'incohérence consistant à parler, comme si elle le connaissait, de ce qu'elle déclare être pour elle inconnaissable ; un pur acte d'exister qui ne serait l'exister de rien sombrerait dans le néant : « *non possumus dicere quod ipsum esse sit* » (*De Hebdom.* Lect. II : nous ne pouvons même pas dire que l'acte d'exister est) ; affirmer l'existence de l'inconnaissable suppose que soit connu, pour le déclarer, ce qu'on déclare inconnaissable, puisqu'on ne connaît une existence qu'en ayant quelque savoir de l'essence dont elle est l'existence. La raison humaine naturelle est infinie en tant qu'elle est naturellement ouverte à l'être en tant qu'être, et à ce titre même elle est capable de circonscrire le lieu de son ignorance naturelle indépassable : elle n'est pas l'origine ontologique de sa réflexion. Étant rationnellement sommée de reconnaître, *en vertu même de son infinité ou de sa toute-puissance*, un au-delà de soi, elle est ainsi invitée, sous la pression de sa propre rationalité, à admettre, quand la grâce l'y invite, qu'il est rationnel de croire ; par conséquent (*S. Théol.* II^a II^{ae} q. 10 a. 1) il est contre nature — parce qu'irrationnel — de refuser de croire : le rationalisme (qui prétend dissoudre la foi dans la raison) est irrationnel.

Dès lors que la raison est invitée à rendre raison de son ouverture à la foi, c'est qu'on sait non seulement par la foi, mais par la raison elle-même, qu'il existe une différence réelle entre raison et foi, et que la foi ne somme la raison de se soumettre à son injonction qu'en *s'appropriant aux réquisits de la raison. C'est pourquoi il y a nécessairement invitation à l'intelligence de la foi.* Et c'est là le propre du catholicisme, seule reli-

DÉVELOPPEMENT

gion capable d'exiger que la raison — dont le vœu naturel est de rendre raison, ainsi de dominer ce qu'elle sait en le déduisant — se crucifie dans l'acte de croire (adhérer sans voir), *mais sous la pression de son appétit d'intelligibilité, de sorte que le contenu de la foi se présentera non comme ce qui révoque la raison par défaut de rationalité, mais comme ce qui la subjugue par excès de rationalité. Il est permis de discerner, dans cette propriété, le signe de ce que le catholicisme est la vraie religion.* C'est avec le catholicisme seul qu'est conjuré le conflit entre philosophie et religion, lesquelles, « *materialiter* », ont même objet (l'absolu, la cause première).

Le judaïsme est un légalisme moral, l'effet d'un contrat synallagmatique passé entre Dieu et l'homme visant un intérêt pratique à toute distance d'une promesse de béatitude spéculative déformante qui lui est indifférente, ce qui explique qu'il n'y ait pas de philosophie du judaïsme, fors cette gnose satanique empruntée par les Juifs antichrétiens (en cela infidèles jusqu'à l'égard de leur propre héritage, celui de la Torah) au marcionisme antijuif et adaptée à leur volonté de puissance rancunière, laquelle gnose est irrationnelle (c'est l'homme qui se déifie en sauvant Dieu — par l'acte de réparer ses bévues et son impéritie initiales — de sa pénurie ontologique primitive). Le Dieu de l'islam est puissance et volonté pures, créateur des vérités éternelles par là ravalées au rang de réalités contingentes (là contre, le thomisme enseigne que Dieu crée les existences, mais non point les essences[8]), et de ce fait anti-

---

[8] Les essences sont les natures des choses, qui préexistent en Dieu de toute éternité comme Idées divines, lesquelles sont les modes de connaissance éternelle que Dieu a de Lui-même en tant que participable. Ce qui est créé, ce sont les individuations de ces essences. L'acte créateur est « *datio esse* » ; prétendre que les essences seraient créées, cela revient à enseigner que Dieu serait créateur des vérités éternelles (tel est le volontarisme cartésien, analogue au Dieu des Musulmans, irrationnel puisqu'il crée la rationalité), puisque les essences sont les mesures de la vérité ontologique du réel (non pas adéquation de la pensée au réel, mais du réel à son Idée).

intellectualiste par excellence : on ne saurait là être surnaturellement déiformé par la connaissance et l'amour, on est rivé pour l'éternité à sa finitude dans la jouissance infra-humaine de biens sensibles (le « paradis » d'Allah). Et le protestantisme revendique le mépris de la raison : « perdre la raison pour gagner Dieu, c'est l'acte même de croire » (Kierkegaard), la raison est « *Teufelshure* », prostituée du diable (Luther).

2. Le catholicisme est la religion vraie parce qu'il est la vraie religion.

Que le catholicisme promeuve la raison naturelle, exalte sa valeur et la convoque pour l'intelligence de la foi, mais en vue de la raison (« la foi passera », la béatitude est « qu'ils Te connaissent »), que par là le contenu de la foi catholique s'annonce *a priori* comme rationnel, est *a posteriori* vérifié par l'examen du contenu même du catholicisme. L'absolu est par définition le non-relatif, la religion en général dit la mise en relation du fini avec l'infini, du contingent avec le nécessaire, de l'immanent avec le transcendant, du relatif avec l'absolu, de sorte qu'une religion n'est possible que si cette relation en quoi elle consiste est initiée par l'absolu lui-même, seul capable de se mettre en relation sans cesser d'être absolu, ainsi sans être relativisé (« désabsolutisé ») et ce dans l'unique mesure où son absoluité ne répugne pas à la vie relationnelle mais au contraire consiste — en elle-même, indépendamment du monde et d'un esprit créé — en cette vie même, ce qui nous est révélé dans, par et comme le **Dieu trinitaire**. Dieu, dans Sa révélation, doit nous dire ce qu'Il est en lui-même indépendamment de Sa révélation, autrement une telle révélation est un mensonge ; or toute révélation de Dieu est relation de Dieu à ceux auxquels Il se révèle ; donc Dieu doit être relation en Lui-même pour être en capacité de se révéler. Par ailleurs, toute révélation est médiation entre le Révélé et celui auquel Il se révèle, et se pose toujours la question de l'adéquation de la médiation à ce qui se médiatise, sauf si le Médiatisé se fait lui-même médiation entre Lui et l'homme, ce qui revient à dire

DÉVELOPPEMENT

que Dieu, pour se révéler indubitablement, *doit se faire religion (acte de relier)*, ce qui a lieu dans l'**Incarnation** : Dieu s'y fait la relation entre Lui et l'homme. C'est au reste parce que Dieu est trinitaire qu'Il peut s'incarner, contracter le mode d'existence d'une créature sans cesser d'être Créateur. En tant que médiateur entre Lui-même et l'homme, Dieu se fait le témoin de Lui-même, ce qui derechef exclut tout doute quant à la fidélité du témoignage, puisque, ici, celui qui témoigne *est* ce dont il témoigne. Et parce que la Révélation culmine dans l'Incarnation du **Verbe**, le catholicisme est religion de la Parole, ainsi de la Tradition ou transmission, laquelle contient la clé de sa propre interprétation, à peine d'être méconnue et incomprise ; or s'il faut connaître la Parole pour accéder à sa clé de compréhension en retour requise pour comprendre la Parole, on est enfermé dans une aporie aussi longtemps qu'un troisième terme n'intervient pas, lequel sera l'**Église**, « Jésus répandu et communiqué » (Bossuet), l'Église inspirée par l'Esprit qui l'habilite à interpréter l'Écriture et la Tradition. *On voit bien par là que le catholicisme est la rationalité même.* Il est la vraie religion parce qu'il vérifie les réquisits du concept de religion. Enfin, que la différence réelle entre nature et surnature soit révélée par la surnature *et* accessible à la nature (la raison), cela a pour envers obligé que l'homme peut être déiformé (doctrine de la grâce) sans cesser de demeurer créature : si l'infini peut se « finitiser » sans cesser d'être infini, en retour le fini peut être « infinitisé » sans cesser de demeurer fini : « *Deus homo factus est ut homo fieret Deus* » (saint Irénée, au IIIe siècle ; Dieu s'est fait homme pour que l'homme fût déiformé).

Le protestantisme, le judaïsme et l'islam sont irrationnels, intentionnellement soustraits aux réquisits de la raison. Par voie de conséquence obligée, le protestantisme développera spontanément les vertus pratiques de la raison au détriment de sa vocation spéculative, ses capacités techniciennes et marchandes, d'où la genèse de l'esprit libéral. Le judaïsme et l'islam ont en commun de nier la Trinité, par là d'exclure que Dieu puisse s'incarner, se faire le Médiateur entre Lui-même et l'homme. Or le concept de religion exige, comme on l'a vu, que Dieu se fasse religion pour qu'il y ait religion révélée indubitable. Donc, en tant qu'elles se veulent révélées, ces religions que sont le judaïsme et l'islam restent exigitives d'une médiation mais, parce que leur conception de Dieu exclut qu'il soit capable de s'incarner, alors, invinciblement, l'âme de ces fausses religions induira deux positions extrêmes complices dans leur opposition :

Tantôt c'est l'homme, pris collectivement, qui tendra à s'imposer comme médiateur — nécessairement médiateur *divin* — entre lui et l'homme : le peuple juif, cette partie de l'humanité supposée en représenter la quintessence, se voudra pour lui-même son propre messie, le « messie » personnel attendu par les Juifs ne sera que la conscience de soi du peuple juif, et en retour les goïm seront nécessairement des sous-hommes : s'il faut être Dieu pour être *pleinement* homme, il faut être sous-homme pour être *seulement* homme. Le judaïsme, considéré dans sa différence d'avec le christianisme dont il procède proleptiquement, c'est-à-dire considéré dans sa spécificité de judaïsme non chrétien et nécessairement antichrétien, c'est la chrysalide en tant qu'elle s'insurge contre sa vocation à s'achever — aux deux sens du terme — en papillon ; le judaïsme moderne, c'est-à-dire le judaïsme, est né avec la destruction du voile du Temple. Mais parce qu'il est dans la vocation d'une chrysalide insurgée contre sa fin qui l'achève, de s'insurger contre elle-même (elle s'insurge contre sa fin qui la supprime, mais, ce faisant, elle s'insurge contre sa fin qui l'accomplit), ce même judaïsme se verra contraint de faire se renier ses adeptes en tant qu'hommes, lesquels se voudront tels autant de surhommes. Mais cette prétention à la surhumanité ne sera que l'envers d'une haine de soi — comme l'a bien montré Otto Weininger — qui ne veut pas se savoir telle et qui, pour cette raison, s'exercera sur autrui. La haine judaïque du genre humain, son instinct corrupteur, n'est qu'une projection, en forme d'inversion accusatoire, de la haine que le juif porte à lui-même : la chrysalide est intrinsèquement contradictoire, qui veut son accomplissement dans le papillon qui la supprime, sans cesser de prétendre à subsister en tant que chrysalide, et, comme contradictoire, elle est insurgée contre elle-même.

Tantôt le refus de toute médiation se soldera par une exténuation de l'un des termes de la relation ; en supprimant son terme divin, on obtient — à moins qu'on ne dispose d'une idéologie crédible, tel le communisme en acte, permettant à l'homme en général de croire à sa déification — l'athéisme trivial, lequel laisse sur sa faim l'appétit de transcendance. C'est pourquoi il est plus efficace, pour qui entend refuser la médiation christique sans exténuer le désir de transcendance, de supprimer le terme humain, à tout le moins de le réduire à presque rien. Il s'agira d'affirmer le monde afin de donner consistance à la négation du monde, afin de signifier par cette négation même l'affirmation d'un Dieu unilatéralement transcendant et réputé impensable au nom de sa transcendance même : Dieu est le tout-autre de ce que nous pouvons connaître, il n'est ni ceci, ni cela, etc. Mais on ne peut en rester là, parce que l'apophatisme strict en vient à se résoudre en athéisme : si l'on ne sait strictement rien de Dieu dont la perfection serait tellement exclusive de notre finitude qu'elle nous échapperait absolument, on ne doit pas même savoir que Dieu est de l'être, on doit ignorer qu'il est. En effet, quand on ne sait rien de Dieu, on ne sait même pas qu'il est de l'être ; quand on le réduit à l'autre de ce qui est connaissable, on en vient à le réduire à l'autre de ce qui est, ainsi au néant, parce que pour déclarer quelque chose strictement inconnaissable, il faut le distinguer de la sphère du connaissable, mais par là il faut le comparer à elle, et de ce fait il faut le connaître, de telle sorte que pour maintenir l'affirmation de son inintelligibilité sans se contredire, l'esprit est condamné à le réduire au néant. Aussi donc, afin de ne pas tomber dans la contradiction de l'apophatisme bien intentionné mais menant malgré lui à l'athéisme, il faudra corrélativement nier la consistance du monde afin de signifier que la consistance ontologique est tout entière du côté de

Dieu ; si Dieu ne pouvait être affirmé que comme négation du monde en sa finitude constitutive, alors, toute négation étant relative à ce qu'elle conteste, Dieu se révélerait relatif au monde, ce qui est contradictoire. Il s'agira donc d'exténuer autant que possible la consistance du monde, tout en lui laissant le minimum de densité ontologique requis pour que sa négation ait encore le sens de l'affirmation d'un tout-autre que lui, qui sera le parfait ou le divin. Il s'agira par là de ne voir dans l'organisation naturelle du monde qu'un effet contingent de l'arbitraire divin, un ordre précaire toujours menacé par la tendance à se défaire, une ombre d'intelligibilité ; non seulement le monde, mais la personne humaine, pour l'islam (car c'est bien de lui qu'il est question ici), n'a pas grande valeur intrinsèque, elle ne vaut que par et pour la foi qu'elle professe ; et le Dieu de l'islam est une force pure par-delà toute raison, toute intelligibilité, dans la ligne d'un apophatisme irrationaliste qui, comme tout apophatisme, se résoudrait logiquement en athéisme s'il consentait à se laisser penser. Puis donc que l'islam, comme apophatisme radical, entend ne pas se réduire à l'athéisme, il est condamné à refuser de se penser lui-même, ainsi à refuser toute intelligence de la foi. La croyance se fera un mérite de n'avoir aucune raison de croire, elle y verra la preuve de sa pureté. La volonté de croire sera pour elle-même son unique raison de croire, de telle sorte qu'elle ne sera jamais suffisante et jamais assez arbitraire, et elle tendra mécaniquement à nourrir sa puissance de son absence de raison ; d'elle, on pourra dire ce mot qu'on attribue à Tertullien : « *credo quia absurdum* ». Cela dit, pour que le « vouloir croire » sans raison de croire ne se convertisse pas, à cause de cette absence de raisons, en « croire qu'on veut », ainsi en imaginaire, la volonté de croire aveuglément doit conserver un certain rapport avec la réalité, mais, puisque cette réalité doit — comme on l'a vu — être exténuée en son intelligibilité, un tel rapport à la réalité sera lui-même négatif ; c'est pourquoi il prendra la forme d'une négation pratique de l'intelligibilité du monde. L'univers ne sera connu que comme le négatif de l'Inconnu, et ne sera pure-

DÉVELOPPEMENT

ment et simplement que pour donner prise à cette connaissance négative, laquelle s'exercera sur le mode d'une négation pratique de toute organisation (parce que l'organisation dit l'intelligibilité) ; le monde — et *a fortiori* les œuvres humaines techniques, artistiques ou politiques, en leur prétention « impie » à incarner de manière pérenne quelque chose de sensé — ne sera que pour être contesté, d'où la fascination de la mentalité mahométane pour le désert, l'informe, le contingent, la destruction et le pillage, tel un nihilisme pratique exercé au nom d'une transcendance.

Au reste, cette solidarité conceptuelle entre les deux formes contraires du refus de la médiation divine est illustrée par une solidarité historique : l'islam est né en milieu ébionite, judéo-chrétien, et assez nombreux sont les chercheurs libres à laisser entendre que l'islam est une invention juive, concoctée par les Juifs pour forger une puissance antichrétienne. Ainsi que le professe ouvertement le rabbin Touitou par exemple, le rabbinisme actuel prépare depuis longtemps la chute d'Édom (la Chrétienté, l'Europe et Rome) par l'invasion islamique, afin d'accélérer l'avènement de ce « messie » qui sera en vérité l'antéchrist : « Moi je suis venu au nom de mon Père et vous ne me recevez pas. Si *un autre vient en son propre nom*, vous le recevrez » (Jn, 5, 43).

IV

DE QUELQUES CONSÉQUENCES EN MATIÈRE POLITIQUE

Dans la II^a II^{ae} q. 13 a. 6 de la *Somme Théologique*, l'Aquinate enseigne que aimer est supérieur à connaître quand l'objet est supérieur à l'intellect, mais, dans la Vision, comme l'enseigne saint Jean (17), la béatitude est « qu'ils Te connaissent » ; l'amour est ordonné à l'intellection et les valeurs de l'amour et du connaître s'équivalent ultimement comme, dans l'Objet de ces puissances, s'équivalent, en dignité, les Trois Personnes. De plus, pour le Docteur commun, « *simpliciter* », l'intellect est supérieur à la volonté, car l'objet de l'intellect est supérieur à celui de la volonté. Il est « *simplicius et magis absolutum* » (plus simple et plus absolu), car il est « *ipsa ratio boni appetibilis* » (la raison elle-même du bien appété) ; or « *quanto autem aliquid est simplicius et abstractius, tanto secundum se est nobilius et altius* » (*ibid.* I^a q. 82 a. 3 : plus une chose est simple et abstraite, plus elle est de soi noble et élevée). Et tant le Carme de Salamanque Antoine de la Mère de Dieu que le commentateur Jean de Saint-Thomas considèrent que le constitutif formel de la déité est un « acte d'intelliger subsistant ». L'*amour* du Rationnel transfiguré par la charité en vient à coïncider avec l'amour *du Rationnel,* au génitif subjectif, identiquement sujet et objet de la raison, ainsi amour *de la raison.* Le cœur a — selon Pascal — ses raisons que la raison ne connaît pas, mais Rosé Antonio Primo de Rivera, dans une perspective très thomiste, fait observer que la raison a sa manière d'aimer comme ne sait pas le faire le cœur. De sorte que l'on est fondé à considérer que, en dernier ressort, la raison pour le catholicisme a la valeur première. Elle a la valeur première en tant qu'elle est pleinement raison, c'est-à-dire — ainsi qu'on vient de l'établir — en tant qu'elle sait reconnaître la valeur des raisons qu'elle peut et doit avoir de renoncer — momentanément — à sa propre prétention de rendre raison de toute chose, pour consentir à croire, quand la surnature l'y invite.

Dès lors, ayant en droit la valeur première, la raison est invitée à rendre raison de tout ce qui lui est naturellement proportionné ; en particulier, et en premier lieu, la légitimité de l'autorité politique se doit nécessairement d'être purement rationnelle, contre tout augustinisme politique. Cette légitimité doit être fondée en raison, indépendamment de la foi, ainsi en dehors du magistère de l'Église, sinon au titre de « *stella rectrix* » extrinsèque, et en tant que pouvoir indirect. Le constitutif formel de la légitimité n'est pas le sacre, mais l'ordination du pouvoir — par celui qui le prend — au bien commun. Ce qui certes rend problématique l'enseignement de *Unam Sanctam* de Boniface VIII.

L'homme est par nature animal domestique, tout homme est appelé à être père, en dehors des religieux qui au reste exercent leur paternité sur un mode purement spirituel. Et le père de famille tient son autorité directement de Dieu, par la nature humaine. Même l'Église s'interdit d'arracher ses enfants à un père non catholique. Que les biens surnaturels dispensés par l'Église aient raison de fin pour l'éducation familiale dispensée à l'enfant — ainsi pour l'autorité paternelle qu'elle présuppose — ne fait pas de l'Église la cause efficiente de cette autorité : le père ne reçoit pas son autorité paternelle de l'Église. Si l'homme est par nature animal politique autant qu'il est animal domestique, l'autorité politique objectivement finalisée, ultimement, par le salut, ne reçoit nullement sa légitimité de l'Église dont le magistère sur le politique est seulement indirect, et négatif : il se limite à libérer les peuples catholiques, immédiatement soumis quant à la foi et aux mœurs à l'autorité morale du pape, du devoir d'obéir à un prince politique indigne. Le pape ne possède nullement le glaive temporel qu'il déléguerait au roi en consentant à le sacrer. Une telle prétention papale théocratique à posséder primitivement tous les pouvoirs relève de l'augustinisme, comme on le verra ici plus bas, mais nullement du thomisme qui en vérité l'exclut. Que l'homme ne puisse être sauvé qu'en étant « soumis au pape » (en matière de foi et de mœurs), comme l'enseigne la dernière phrase infaillible de cette bulle, ne pose problème pour aucun catholique, mais cela n'implique pas du tout de manière nécessaire la théorie des deux glaives soutenue par l'auteur d'un tel enseignement. Les prétentions théocratiques relèvent du surnaturalisme.

En deuxième lieu, si le politique est fondé en raison, et en simple raison, si l'autorité politique est naturelle (parce que rationnelle) et non surnaturelle, alors l'idéal national auquel il convient de se référer ne relève pas de la pure tradition, ou de la coutume, sinon en tant qu'elles sont objectivement porteuses d'une raison inconsciente qu'il convient de dégager par induction. Une entreprise de restauration politique de l'ordre des choses ne saurait faire sien tout le passé de la nation qu'elle entend sauver. Elle l'assume de manière critique, elle n'est pas « traditionaliste » (au sens où la chose que désigne ce mot fut condamnée par le concile Vatican I).

En troisième lieu, si le réel est rationnel, seul l'irrationnel est irréel, déréalisant ou mortifère, de sorte que les entreprises de subversion juives et/ou maçonniques n'ont tout au plus d'autre efficience dans le processus de décadence que celui de causes amplificatrices ou dispositives, et non de causes premières. La vraie cause des décadences est la lassitude des élites, en particulier, dans l'ordre spéculatif, leur incapacité à prendre conscience du caractère inachevé, voire fautif, de l'idéal théorique dont elles se prévalent et qui guide leur action. Attendre — en surestimant l'efficacité de l'apostolat — de la sanctification individuelle, en méprisant l'action politique, ainsi du zèle moral du peuple, les effets d'un redressement spirituel, relève encore du quiétisme surnaturaliste. Un certain

« complotisme », innocentant les bien-pensants de toute responsabilité dans la décadence, est à bannir pour qui entend ne pas retomber, dans le Landerneau de la contre-révolution, dans les erreurs bien intentionnées du passé et du présent. Il serait éminemment coupable d'un point de vue moral, et historiquement grotesque, de nier systématiquement l'existence des complots (des Francs-maçons, des Juifs, des communistes, des satanistes, etc.), et cette entreprise de négation des théories du complot, et de marginalisation — en les ridiculisant — de ses partisans, fait elle-même, en vérité, partie des complots ; mais en dernier ressort ces derniers ne peuvent pas être cause *principale* de la décadence.

V

IL EST RATIONNEL QU'IL Y AIT DE L'IRRATIONNEL.

Le réel est, comme on l'a vu, rationnel sous un certain rapport. Mais il est aussi nécessairement irrationnel, au sens où il est de la raison du rationnel d'assumer un moment obligé d'irrationalité. Le réel est rationnel, autrement notre connaissance serait transcendantale, au sens kantien (adoption de la division ruineuse entre phénomène et chose en soi). En effet, la pensée doit être pensable puisque savoir est savoir qu'on sait ; or si le réel est irrationnel, la pensée qui l'épouse (pour être une pensée vraie : la vérité est bien adéquation de l'être et de la pensée) le sera aussi, mais alors elle sera impensable (le contradictoire est inintelligible), et de ce fait, la pensée n'étant pensante qu'en se faisant pensée de pensée, la pensée vraie devra être une fausse pensée, et toute vraie pensée sera une pensée fausse, ce qui est absurde : pour être une pensée vraie, il faut être une pensée, par là être une vraie pensée.

Mais le réel est aussi irrationnel sous un autre rapport. S'il était rationnel de part en part, il se confondrait avec son idée (l'idée du réel, exhibition de son essence, est précisément ce qu'il y a de rationnel en lui), il se réduirait par là à la pensée qui le pense (considérée dans sa différence d'avec le réel dont elle est l'idée, l'idée n'est elle-même, n'a une réalité d'idée, que dans et comme l'acte d'intellection de la pensée qui la produit). Or il est clair que le réel ne se confond pas avec la pensée qu'on en a. Si le réel était rationnel sans moment d'irrationalité, il exclurait toute contingence (laquelle est par définition sans raison suffisante), mais par là il exclurait toute liberté ; or même en Dieu il existe un minimum de contingence, en ce sens qu'il est loisible à Dieu de se poser autant comme créateur que comme non créateur. [On dira que la perfection et la simplicité absolues de Dieu excluent qu'il y ait quelque contingence que ce soit dans la déité, et cela est exact, mais n'invalide pas ce qui vient d'être dit, s'il est vrai que, en Dieu, liberté et nécessité s'identifient : Dieu est absolument libre, et tant Son existence que Son essence — qui au reste s'identifient — sont absolument nécessaires ; il restera alors à expliquer (cf. *S. Théol.* I^a q. 45) comment il se peut que Dieu soit une même chose avec son acte créateur, lequel, acte du créateur, est le créateur même, et, acte dans la créature, s'identifie à l'acte d'être du créé : de telles prémisses, exactes mais unilatérales, devraient faire conclure, irrationnellement, à l'identité du créé et de l'incréé, et à la nécessité de l'acte créateur, ce qui dans les deux cas est absurde et impie[9]]. Enfin, si le réel en tant que réel était unilatéralement rationnel ; si, en d'autres termes, le véritable rationnel était unilatéralement exclusif de l'irrationnel, si par là le non-contradictoire excluait à tous égards l'assomption de la contradiction, tout possible serait réel : un pos-

---

[9] En fait (mais il faut recourir au concept de « réflexion ontologique » pour l'établir), liberté et nécessité s'identifient non contradictoirement en s'absolutisant. Une liberté qui s'absolutise est libre de toute chose, y compris d'elle-même. Et une nécessité se dit toujours d'une relation (il est nécessaire que, le triangle étant posé, la somme de ses angles soit égale à deux droits), laquelle est relative à ses termes, de telle sorte qu'une nécessité qui s'absolutise, par là qui n'est pas relative, doit se rendre irrélative à ses termes, mais alors elle se supprime comme nécessité puisqu'il est définitionnel d'une nécessité de se dire d'une relation ; et, n'étant plus une nécessité, elle est une liberté. L'absolu est la réalisation en acte non contradictoire de tous les types de perfection qui, considérés chacun dans sa finitude, sont entre eux contradictoires. En tant qu'Il est l'absolument parfait dans la ligne de tous les ordres de perfection, Dieu est l'absolument simple ; mais Dieu est aussi maître de la perfection qu'Il est, afin d'exercer ce qu'Il est, et sous ce rapport Il a ce qu'Il est, et c'est en tant qu'Il n'est pas (parce qu'Il l'a) la perfection qu'Il est, qu'Il l'est véritablement.

sible qui n'est pas en même temps absolument nécessaire n'a pas de raison suffisante d'exister, en ce sens qu'il n'exige pas d'exister, il peut demeurer à l'état de possible, nonobstant son statut de rationnel ; il lui est donc donné d'être rationnel ou intelligible de part en part, sans être nécessairement réel, ce qui revient à dire que sa réalisation n'est pas l'effet de sa seule rationalité ; or même en Dieu il existe des possibles qui ne sont pas réalisés *ad extra*. Force est donc de convenir que la réalisation du rationnel, sa concrétisation, *survient* au rationnel, et ainsi l'essence du réel en tant que réel (son essence d'*esse*) ne coïncide pas absolument avec celle du rationnel (l'essence dont il est l'*esse*) : il y a quelque chose dans le réel en tant que réel qui, même s'il est absolument rationnel, relève quand même de la contingence ; l'essence de Dieu est d'exister, mais il ne serait pas possible à la déité d'être Dieu si Dieu n'était pas libre, et en particulier libre de se poser Lui-même comme créateur ou comme non créateur.

Puis donc que le réel est rationnel ; que le concept du réel, c'est-à-dire sa rationalité, exige qu'il enveloppe une part ou un moment d'irrationalité ; que donc l'irrationnel du réel est conditionné et exigé par la rationalité de son Idée, c'est que *le rationnel est en soi victoire sur l'irrationnel qu'il assume*, c'est-à-dire sur l'être en puissance, lequel, en termes hégéliens, est le moment dialectique du logique, le « négativement rationnel », et, en termes aristotéliciens, est l'identité des contradictoires (*De l'interprétation* 9). Et c'est à raison de cette assomption que le rationnel est réel : si la réalisation de l'idée ou rationalité du réel s'accomplit moyennant un moment d'irrationalité, alors la réalité du rationnel, sa réalité d'idée, exige cette intromission en lui de l'irrationnel ; il n'y a du rationnel que s'il assume l'irrationnel, et cette assomption fait en retour que tout ce qui est véritablement rationnel est réel : le rationnel n'est vraiment rationnel que s'il assume l'irrationnel, or cette assomption est la réalisation du rationnel.

La leçon de ce constat peut être illustrée en philosophie politique par la thèse centrale de Carl Schmitt : « *Souverän ist, wer über den Ausnahmezustand entscheidet* » ; est souverain celui qui décide de la situation exceptionnelle (ou situation d'exception). Tel est celui qui fait la loi, qui la peut suspendre ou même casser (Jean Bodin), attestant par là qu'il ne lui est pas soumis (il est question de la loi positive, non de la loi naturelle) et qu'il s'en émancipe quand la situation anormale l'exige. Or la situation d'exception maximale est la déclaration de guerre, parce que le peuple et la nation risquent leur existence en elle ; aussi n'y a-t-il souveraineté que s'il y a possibilité de guerre, c'est-à-dire possibilité d'ennemi, ce qu'exclut l'État mondial (qui n'a pas d'extérieur, réduisant ses ennemis intérieurs à des délinquants passibles d'opérations répressives de police). Or l'État garant du bien commun n'existe que s'il y a souveraineté. Donc il n'y a bien commun que s'il y a possibilité politique de guerre ; en l'occurrence, l'État n'est possible que s'il y a des États, et des États capables de désigner leurs ennemis. Il en résulte que *la paix a la forme d'une sublimation de la guerre* dont l'éventualité est requise, ne le fût-elle que pour être conjurée. Corrélativement, *l'amitié a la forme d'une victoire sur la possibilité de la haine*.

VI

CONTRE LE SURNATURALISME, IL EXISTE DANS LE RÉEL ET DANS L'HOMME UN NÉGATIF NON PECCAMINEUX.

Déclarer que l'amitié a la forme *obligée* d'une victoire opérée sur la possibilité de la haine, c'est confesser — l'amitié étant naturelle — *qu'il existe dans l'homme du négatif non peccamineux*, des tensions polémiques non imputables au péché originel et aux péchés qui lui succédèrent. *Et c'est cela, peut-être que méconnaît le plus tragiquement l'école dite traditionaliste ou contre-révolutionnaire.* C'est cette ignorance ou cécité volontaire qui invite ses fidèles, obstinément, à fonder leurs combats pour la Cité catholique sur la recherche d'un idéal inadéquat : tantôt ils rêvent d'un retour à l'état adamique, où la mort, la violence, la souffrance, l'effort, le combat n'existaient pas ; tantôt ils se réfèrent au modèle de la théocratie juive de l'Ancien Testament, où morale, droit, politique et religion s'identifiaient les uns aux autres, où chefs religieux et chefs politiques coïncidaient, où Dieu gouvernait les hommes par Ses lieutenants désignés, par là visait à conjurer entièrement tout conflit par l'instauration d'une paix éternelle ; transposés dans le monde chrétien médiéval[10], ces idéaux produisent les thèses du

---

[10] La mentalité contre-révolutionnaire sacralise, dans l'ordre naturel, les aspects contingents et inachèvements du Moyen Âge, sous le prétexte qu'il s'est trouvé que cette période, sur le plan surnaturel, réalisa l'apogée de la Chrétienté ; ce qui est à peu près aussi cohérent que de déclarer intrinsèquement pervers l'imprimerie et l'usage domestique de l'électricité sous le prétexte qu'ils n'avaient pas cours quand Notre

« Grand Pape » et du « Grand Monarque », les fantaisies historiques du « marquis de La Franquerie »[11], les références

---

Seigneur vint au monde en Palestine. C'est ainsi que, sur un ton docte, on condamne brutalement l'idée de nation (supposée incompatible avec l'idéal féodal), l'idée d'État moderne, etc. La vérité est que le christianisme avait vocation à assumer surnaturellement toutes les grandeurs non peccamineuses de l'Antiquité entendue tel le déploiement des ressources de l'ordre naturel, et que l'organisation politique du monde médiéval était inachevée, que le concept de nation est essentiel à la philosophie politique, et que c'est pour n'avoir pas su en accoucher dans l'élément d'une société chrétienne que la subversion jacobine en a accouché en le dévoyant. On pourrait en dire autant du développement des techniques et de la philosophie moderne : les techniques modernes ne sont pas toutes intrinsèquement mauvaises, et tout n'a pas été exhaustivement développé par la scolastique.

[11] Wikipédia, article « Marquis de La Franquerie » (André Lesage), nous apprend ceci :
> Mgr Ernest Jouin notait que le « marquis » « ne se pique, dans le choix de ses documents, ni de sévérité critique ni d'érudition oiseuse ». « Selon Yves Chiron, ce manque de rigueur continuera de caractériser l'œuvre de Lesage » ; on y apprend au même endroit que « le titre honorifique de camérier secret de cape et d'épée de Sa Sainteté (...) est un titre purement honorifique attribué aux laïcs » ; que ce titre « n'implique aucune proximité avec le pape et, selon Yves Chiron, c'est abusivement que Lesage s'en réclamait pour faire valoir une amitié avec Pie XII ».

Voici deux autres extraits de cet article :
> « Dès son premier ouvrage <La Mission divine de la France>, il expose sa thèse principale, à savoir que la France aurait une mission divine particulière. Il affirme ainsi dans son *Mémoire pour obtenir le renouvellement de la consécration de la France à saint Michel* publié en 1947 que "cette mission avait été dévolue au peuple juif de l'Ancien Testament ; mais à partir du déicide, ce peuple fut maudit et son caractère de nation élue de Dieu fut reporté sur la France avec toutes les grâces et toutes les faveurs qu'entraîne une telle prérogative". Il explique aussi que les rois de France seraient les descendants des rois de Juda. Le travail de Lesage est critiqué par Hervé Pinoteau qui déplore que "tout un pieux public accepte sans doute ces crétineries bien inutiles pour la foi, et qui

enflammées à Guibert de Nogent (« *Gesta Dei per Francos* »), au Testament de saint Rémi, à l'idée judéomorphe de la France nouvel Israël et nouveau peuple élu, au millénarisme chrétien, etc. **Or remarquons que** *déclarer tout négatif peccamineux, c'est professer la thèse surnaturaliste* **: si la nature même intègre, mais non enrichie par des dons préternaturels, est habitée par des tensions et des conflits (et telle est la vérité : l'homme est par nature mortel, et passible)** — *lesquels sont et ne peuvent pas ne pas se réduire, dans cette perspective contestable, tout en un à la cause et à l'effet du désordre, c'est-à-dire à la négation peccamineuse de l'ordre* — **c'est qu'il est au fond dans la vocation de cette nature, pour conjurer sa dépravation, de s'abandonner à une surnature vouée à surdéterminer l'ordre naturel au point d'en venir, autant qu'il sera possible, à se substituer à lui.** D'où cette haine congénitale du

---

sont accompagnées d'un texte rempli d'erreurs historiques grossières, ainsi que de citations fausses. Le plus beau est que le 'marquis' utilise un ouvrage britannique du même tonneau, destiné à glorifier outre mesure la Grande-Bretagne et ses rois issus de la maison de Juda" ».

« Il attribue également beaucoup d'importance aux prophéties et aux révélations reçues par les âmes privilégiées. Il se persuade que la France et l'Église seront sauvées par un Saint Pape (qu'il voit français de naissance et peut-être descendant de Louis XIV), et par le Grand Monarque. En 1980, il est convaincu que ces deux personnages sont déjà vivants bien que toujours inconnus. Avec le recul, certaines des prophéties dont il faisait état paraissent étranges, comme celle annonçant l'invasion de la France par la "Russie soviétique" ou celle expliquant que "Jean-Paul II serait le dernier pape du temps des nations et que son successeur et le Grand Monarque assureraient le grand triomphe de l'Église qui se perpétuerait sous leur successeurs" ».

De telles élucubrations, fruit de l'orgueil féminin (volonté de puissance des geignards) des faibles n'ayant pas les moyens de leurs prétentions, ne peuvent à terme que faire perdre la foi aux pauvres gens abusés par les faux historiens, les psychopathes du complot et les ecclésiastiques aussi sots que vaniteux.

surnaturaliste pour toutes les formes de vitalité par trop ostensibles, parce que la vie dit — vérité captive du nietzschéisme — la jubilation, les désirs puissants, la joie de vaincre, le risque, le conflit et la compétition : il a été vu plus haut (Introduction) que la vie, dans son concept, a la forme obligée d'une victoire sur la mort, ainsi encore fait s'enraciner sa réalité positive dans la négation d'une négation de soi, ainsi dans une *négativité se réfléchissant*. D'où aussi, chez le surnaturaliste, une méfiance incoercible, voire une franche mais inavouable hostilité à l'égard des prétentions de la raison (qui est naturelle), au profit de la Tradition et de la foi. La beauté physique peut faire pécher, l'intelligence puissante peut faire pécher, le désir ardent peut faire pécher, les talents naturels peuvent nous mener à la damnation ; alors tuons le talent et la beauté, flétrissons l'intelligence et la force, exténuons nos désirs, réduisons-nous à des ombres d'hommes aux chairs flétries, aux désirs anémiés ; à ce prix seulement nous sera ouvert le royaume des cieux. *Et il ne vient pas à l'esprit du surnaturaliste ou du contempteur de tout négatif que, à toute distance de l'idée selon laquelle tout négatif serait cause et effet du désordre, l'ordre pourrait bien avoir besoin, non du désordre en acte, mais de sa possibilité, pour être ordre en acte*[12].

---

[12] De ce que la vitalité peut faire pécher, le surnaturaliste tendra à étouffer la vitalité pour éviter les occasions de pécher. Les talents naturels peuvent rendre orgueilleux, ou trop attaché aux biens charnels ; faut-il pour autant les exténuer au nom du salut surnaturel ? La vraie prudence ne méconnaît pas les prises de risques ; il peut être éminemment imprudent d'être trop prudent. Il faut avoir la grâce de la foi et de l'éducation catholiques pour être véritablement humain, mais, en retour, c'est à cultiver les puissances naturelles de la nature humaine que le donataire de ces dons surnaturels est habilité à les rendre féconds. **Il résulte de ce fait que les études religieuses ne doivent pas exténuer le soin porté à l'étude des matières profanes.** Pour être un bon professeur de mathématiques *catholique*, il convient de commencer par être un bon *professeur de mathématiques*. « La charité, à sa manière, est politique, au-delà des réciprocités personnelles. N'en

CONTRE LE SURNATURALISME

Ce qui pourtant devrait l'inviter à modérer son point de vue furieusement vertueux et fanatiquement prudent (mais il est imprudent de ne jamais prendre de risque), c'est la prise de conscience d'une affinité de principe — mais dialectique — entre surnaturalisme et subjectivisme : le surnaturaliste se méfie de la nature, il la hait même et donne libre cours à sa haine en excipant de la blessure originelle dont elle est affligée ; il ne voit pas, ce faisant, qu'en se complaisant dans cette attitude devenue systématique, le surnaturaliste *fustige la nature en la réduisant à sa blessure, mais par là se soustrait lui-même à sa nature en s'identifiant à sa conscience.* Et c'est là, sur le fondement d'un acte de mauvaise foi — au sens sartrien — radical, embrasser les positions subjectivistes les plus avancées, gravides d'existentialisme, de personnalisme et, partant, d'esprit égalitaire et hédoniste (entre des petits dieux, le seul rapport possible est l'égalité ; pour des petits dieux, tout est permis ; à des petits dieux tout est dû).

Ceux dont le premier souci, en ce bas monde, est de faire leur salut, ont le privilège de n'être pas démangés par le besoin frénétique d'aller aussi loin que possible dans la ligne d'actualisation de leurs talents naturels, en tant qu'ils savent que rien, sinon la miséricorde divine, ne peut justifier leur existence et lui donner un sens qui ne soit pas dérisoire comme le sont toutes les justifications seulement mondaines et humaines. La seule manière non avortée de s'épanouir pleinement en tant qu'homme, c'est d'accéder à la possession d'un bien qu'on aime en lui étant rapporté, sans quoi on aime quelque chose que l'on rapporte à soi, on fait du moi la cause finale de l'acte d'exister qu'on exerce, ce qui est contradictoire dans la mesure où l'on ne voit pas que ce qui est foncièrement désir — tel le moi —, par là radicalement manque et imperfection, puisse avoir raison de fin. Il reste que si l'on en vient à se désintéres-

---

sont pas dissoutes pour autant les exigences autonomes et profanes de l'ordre public. **C'est en étant César que César est un bon serviteur de l'Évangile** » (M. D. Chenu, *Saint Thomas d'Aquin et la théologie* p. 148, Seuil, collection *Maîtres spirituels*, 1959).

ser, au nom du salut surnaturel, de toute forme d'actualisation de ses talents naturels, on en vient subrepticement, comme il vient de l'être montré, à basculer dans le subjectivisme. Le devoir du chrétien, en son effort d'humilité et de prudence toujours à renouveler, est ainsi, paradoxalement, d'apprendre — certes sans excès — à s'intéresser à lui-même, à l'accomplissement des talents que Dieu lui a donnés. Pour s'ordonner à un bien auquel on est rapporté, il faut apprendre à s'oublier soi-même (et c'est en s'oubliant qu'on se trouve), mais, pour apprendre à s'oublier, il est nécessaire d'être en paix avec soi ; or, pour être en paix avec soi, il convient de se rendre dépositaire d'une certaine dose d'estime de soi qui ne s'acquiert que par la culture de ses talents, ou acquisition de raisons objectives de s'estimer. C'est encore un caractère du surnaturalisme que de tendre à faire se confondre fierté ou estime de soi, et orgueil ou crispation sur soi génératrice de complaisance désordonnée en soi-même.

Les considérations qui précèdent permettent de souligner les affinités de principe existant entre esprit contre-révolutionnaire, esprit surnaturaliste, esprit traditionaliste. Mais alors, si le surnaturalisme bascule dialectiquement — ainsi malgré lui — dans le subjectivisme, l'esprit contre-révolutionnaire risque bien lui aussi de basculer — à tout le moins de faire basculer autrui en toute bonne conscience — dans l'esprit révolutionnaire, en ce sens, déjà, que le surnaturalisme de l'esprit contre-révolutionnaire désarme ce dernier face aux assauts de la révolution. D'où, pour qui entend aujourd'hui se lancer dans le combat contre-révolutionnaire, l'opportunité de prendre préalablement la mesure la plus exacte possible des carences conceptuelles de l'esprit contre-révolutionnaire tel qu'il fut illustré par ses pères en lesquels il reconnaît ses maîtres et qu'il s'obstine à tenir pour ses modèles indépassables. Qu'il faille, en justice, leur reconnaître le statut de maîtres n'est pas contestable ; toute contestation dans ce domaine relèverait de l'ingratitude et de la grotesque présomption. Mais, en paraphrasant Bernard de Chartres, autre chose est d'oublier que nos contemporains sont des nains juchés sur des épaules de géants, autre chose est de vouloir ignorer que nous sommes sur les épaules de ces derniers et que nous voyons en droit plus loin qu'eux.

Légitimisme, augustinisme, subjectivisme

Il existe un point commun, dans leur opposition même, entre les monarchistes légitimistes, les contre-révolutionnaires maistriens, plus généralement les augustiniens d'une part, et d'autre part la « nouvelle théologie » inspirée par le Père de Lubac : tout négatif, tout conflit intérieur à l'ordre naturel serait ou bien peccamineux, ou bien effet d'un inachèvement de la création, ainsi dans les deux cas une imperfection.

Pour le Père de Lubac, qui en vérité nie la possibilité même d'un état de pure nature (selon lequel Dieu aurait pu créer l'homme sans la grâce), le conflit eût naturellement existé en cet état de pure nature, sans nécessairement procéder du péché, mais au fond, pour lui, une nature qui ne serait que nature ne serait pas naturelle, parce qu'il serait dans la nature de cette nature d'exiger d'être unie à la grâce (ce qui compromet la thèse catholique de la gratuité de la grâce, et qui fut condamné par Pie XII dans *Humani generis*). Selon la nouvelle théologie, à peine de faire de Dieu un créateur injuste ou maladroit, la grâce serait au fond due (thèse de Baïus). « *Omnis intellectus naturaliter desiderat divinae essentiae visionem* » (*C. G.* III 57 4 : tout intellect désire naturellement la vision de l'essence divine). Or, pour saint Thomas, il faut la grâce pour jouir intellectuellement de Dieu, donc il est nécessaire (ce que, évidemment, n'enseigne pas saint Thomas) selon de Lubac que la grâce soit dispensée à la créature spirituelle pour l'habiliter à accéder à sa fin ultime, naturelle quant à la puissance appétitive qui y tend, et surnaturelle quant à son Objet.

Pour les légitimistes et augustiniens, la nature serait tellement blessée par le péché que même avec la grâce elle ne contracterait guère de santé spirituelle ou de puissance d'initiatives propre, ainsi d'autonomie ; la grâce agirait en elle plus qu'elle n'agirait ; l'Église aurait vocation à agir dans et par le politique plus que le politique restauré par les dons surnaturels dispensés par l'Église n'aurait vocation à agir de son propre chef. Pour les surnaturalistes traditionalistes, la grâce est beaucoup plus « *elevans* » qu'elle n'est « *sanans* » ; la nature doit plus renoncer ou s'arracher à soi pour être élevée qu'elle ne devrait se rassembler et se ressaisir en sa nouvelle perfection acquise (par la grâce « *sanans* ») et s'appuyer sur elle pour coopérer à sa propre élévation. Contre cet augustinisme en ses versions archaïsante et moderniste, le réalisme thomiste avait souligné les droits de l'ordre naturel. Toutefois, la réponse de saint Thomas n'est pas exempte d'ambiguïtés :

> « La plus lourde des peines corporelles, à laquelle toutes les autres, faim, soif, etc., sont ordonnées, c'est la mort. La plus lourde des peines spirituelles, c'est l'infirmité de la raison, qui rend difficile à l'homme l'accès à la connaissance du vrai, facile au contraire la chute dans l'erreur, qui empêche l'homme de dominer parfaitement ses appétits bestiaux, mais laisse au contraire souvent ceux-ci l'enténébrer. Peut-être dira-t-on que de telles déficiences, aussi bien corporelles que spirituelles, n'ont pas un caractère pénal, que ce sont des déficiences de nature, conséquences inéluctables de la matière. Il est inévitable que le corps humain, composé d'éléments contraires, soit corruptible ; il est inévitable, aussi, que l'appétit sensible se porte vers ce qui est délectable au sens, tout en étant parfois contraire à la raison. Étant donné d'autre part que l'intellect possible est ouvert en puissance à tous les intelligibles, qu'il n'en possède en acte aucun, obligé qu'il est de les acquérir par les sens, il est inévitable qu'il atteigne avec difficulté la science de la vérité, inévitable qu'en raison de la présence des images, il dévie facilement hors du vrai. À considérer droitement les choses, on pourra estimer cependant comme assez probable (***satis probabiliter poterit aestimare***), — supposé la providence divine qui ajuste à chaque perfection les objets qui lui conviennent — **que Dieu a uni une nature supérieure à une nature inférieure pour que la première dominât sur la seconde. S'il arrivait que quelque déficience naturelle gênât cette souveraineté, on doit supposer qu'une grâce spéciale, surnaturelle, viendrait lever cet empêchement**. Ainsi doit-on juger

que l'âme raisonnable, d'une nature plus haute que le corps, lui est unie de telle manière qu'aucun élément corporel ne puisse s'opposer à l'âme, qui fait vivre le corps. De même doit-on estimer que la raison, unie dans l'homme à l'appétit sensible et aux autres puissances sensitives, ne peut être gênée par ces puissances ; mais qu'au contraire elle les domine. **Dociles à l'enseignement de la foi, nous affirmons donc que l'homme a été dès l'origine établi par Dieu dans des conditions telles que ses puissances inférieures devaient le servir sans entraves, qu'aucun obstacle corporel ne devait gêner la sujétion de son corps, Dieu et sa grâce suppléant pour ce faire à l'indigence de la nature,** aussi longtemps du moins que la raison de l'homme demeurerait soumise à Dieu. Cette raison de l'homme une fois détournée de Dieu, on verrait les puissances inférieures se révolter contre la raison, et le corps atteint de passions contraires à la vie, laquelle vient de l'âme. De telles déficiences, naturelles à l'homme, semble-t-il, à considérer dans l'absolu la nature humaine en ce qu'elle a d'inférieur, témoignent cependant avec assez de probabilité de leur caractère pénal, si l'on considère la providence de Dieu et la dignité de la partie supérieure de la nature humaine » (*C. G.* IV 52).

Qu'est-ce à dire, sinon que l'Aquinate ne semble pas, ici au moins, concevoir la possibilité même d'un état de pure nature, par là ne conçoit pas la nature humaine sans la grâce ? Qu'est-ce à dire, sinon qu'il semble considérer, implicitement, que la nature, même non pécheresse, est dotée de tensions au fond regrettables ? Outre le fait qu'il semble ici, indirectement, remettre en cause malgré lui le dogme de la gratuité de la grâce, l'Aquinate se révèle impuissant à montrer que le négatif non peccamineux, loin de relever d'une déficience de nature, est dans la nature même comme la promesse et la condition obligée d'une perfection positive à acquérir. Et c'est cette mise en évidence des vertus du négatif qui seule permettrait de conjurer le tropisme moderniste et/ou surnaturaliste auquel cède logiquement le partisan de la thèse d'une réduction de tout négatif à une déficience de nature ou à une conséquence du péché.

VII

SOLUTION PROPOSÉE : INTRODUCTION DU THÈME DE LA RÉFLEXION ONTOLOGIQUE DANS L'HYLÉMORPHISME THOMISTE

Il s'agit ici d'expliquer, entre autres choses, à quelles conditions un négatif non peccamineux est recevable.

1. Exposition

Afin d'éviter toute technicité superflue, on se contentera, pour expliquer cette notion d'origine néo-platonicienne[13], de proposer la définition suivante provisoire : *acte à raison duquel l'être en acte se fait positionnel de la puissance dont en retour il se fait provenir et qu'il confirme dans le moment où il la vainc, de sorte que l'acte n'est acte qu'en s'identifiant à soi par réflexion, et d'une réflexion qui est ontologique avant que d'être opérative, en tant que constitutive de la substantialité — antérieure, selon la causalité, à ses puissances opératives, cependant que la substance se pose en les posant (l'essence, en les posant, se convertit ou sublime en substance) — de ce qui est dit acte*. C'est seulement en Dieu que l'être en acte est raison suffisante de la position de ce dont il se fait procéder en tant que cause et effet, alpha et oméga de sa propre activité.

Une formule thomiste (quoique le thème de la réflexion ontologique soit étranger à la lettre du thomisme) illustre bien

---

[13] Mais redécouverte par Hegel, dont la « logique de l'Essence » — essence entendue comme réflexion dans soi de l'être — est comme le principe de pulsation du système entier.

la définition qui vient d'être ici proposée : « ***Quanto magis forma vincit materiam, tanto ex ea et materia magis efficitur unum*** » (*C. G.* II 68). Plus la forme *vainc* la matière, plus parfaite est l'unité du composé (de matière et de forme) qui en résulte. L'amour en général est « *vis unitiva et concretiva* » (*S. Théol.* I^a q. 20 a. 1), force d'union et de concrétion ; mais l'amour est *relation* entre amant et aimé, et la relation suppose leur dualité, ainsi leur différence ; aussi l'amour qui unit les amants au point de les faire se fondre l'un dans l'autre (ou de ne faire qu'un) en vient-il, par suppression de leur différence gravide de la relation constitutive d'un tel amour, à s'exténuer lui-même sous le poids de sa propre excellence (si les deux termes ne deviennent qu'un, la relation qui les unit disparaît, elle s'achève, aux deux sens du terme) ; pourtant, « *ipsum velle quoddam bonum* », l'amour est aimable et s'aime, ce qui le dispose à conjurer sa propre exténuation ; mais c'est là retarder sa propre consommation, travailler au rebours de sa propre logique, mais dans l'intérêt de cette dernière ; afin de s'instituer identité concrète d'attraction et de répulsion, la tendance (ou l'amour) à cette union des amants maximisée en leur unité (leur identité), requiert, afin de subsister ou de ne pas se contredire, de nourrir dialectiquement, du sein même de cet appétit d'unité en lequel une telle unité se préfigure, une tendance contraire, tendance à la désunion, à la haine (à la différence), que l'amour fera se haïr elle-même afin de la convertir à lui qui, en retour, la confirmera dans l'acte où il saura la vaincre. Il n'est pas d'identité véritable qui ne soit identité de l'identité et de la différence : exclusive de la différence, l'identité serait *différente* de la différence, entretiendrait à l'égard de la différence une relation contredisant son essence ; et ce qui est identité de l'identité et la différence est cette identité se niant dans une différence destinée à se différencier d'elle-même pour se reconduire réflexivement à soi, ainsi pour se poser comme identité concrète. Si l'on se souvient, selon la leçon d'Aristote, que la matière désire (ainsi « aime ») la forme comme la femelle désire le mâle (*Physique* I), on comprend qu'un tel

« amour » soit une tendance d'attraction qui, devant que d'être force d'identité à condition d'être identité de l'identité et de la différence, sera une attraction entendue telle l'identité concrète de l'attraction et de la répulsion, acte de se repousser dans une **réflexion** se consommant en acte de s'attirer. L'acte (la forme s'éduit de la matière) se fait procéder de la puissance (matière) en la niant, mais la nier (la vaincre) revient à la combler, à l'épouser, à la conforter dans son identité de matière, à l'aimer au point de faire un avec elle (ce composé hylémorphique substantiel nouveau). Cela dit, dans un processus circulaire, l'arrivée est en droit autre que le départ en tant qu'il s'agit d'un mouvement, lequel dit progrès, progression ; c'est pourquoi, sous un certain rapport, l'arrivée est négation du départ. Mais puisqu'il s'agit d'un processus *circulaire*, l'arrivée est identique au départ, elle est même la position de ce dernier qui n'était que présupposé tel un terme se confondant avec la tendance à se renier lui-même, en tant qu'incapable de subsister en son identité (l'identité sans assomption de la différence bascule dialectiquement en différence). Ainsi donc, si le résultat est identique au départ par réflexion, il est position du départ (dont le propre est de s'aliéner), mais tout autant il est négation de ce dernier, par là négation de sa tendance à s'aliéner qu'il est, il est donc affirmation de ce dernier ; or ce qui conjugue la conservation et la négation, c'est l'« *Aufhebung* », la sublimation, telle cette sublimation de la chrysalide en papillon qui la conserve en l'abolissant, et qui la conserve en lui sur le mode de puissance à engendrer d'autres papillons, ou à se régénérer lui-même en tant que ce vivant qui, comme vivant, est bien positionnel, en lui-même, du « *terminus a quo* » de ce « *terminus ad quem* » qu'il est pour lui-même. Si donc la puissance est à l'acte comme la chrysalide l'est au papillon, force est de déclarer que l'acte supprime la puissance qu'il conserve — à ce titre il la confirme — en lui-même sur le mode de puissance active, puissance à poser d'autres actes, ou puissance à exercer cet acte qu'il est ; l'acte n'est acte qu'à condition de se faire le sujet d'exercice de la perfection actuelle qu'il participe ou qu'il est.

Plus sommairement : un vase vide est dit plein en puissance ; le vase rempli est plein en acte, et sous un certain rapport être plein est bien le contraire d'être vide, de telle sorte que le terme du remplissement est bien négation du départ ; mais tout autant le vase rempli ne cesse de conserver la puissance d'être plein, autrement il aurait tôt fait de se vider : la puissance est confirmée par l'acte qui la nie, *et en tant qu'il la nie*, parce qu'elle est négation de soi de l'acte, vouée à se renier elle-même pour poser cet acte dont elle procède.

Ces brèves indications peuvent suffire ici. Retenons que le parfait n'est tel qu'en se faisant victorieux de la puissance qu'il pose, laquelle puissance, en tant qu'identité des contradictoires (être au centre, c'est être en puissance à droite et à gauche, c'est faire s'identifier la droite et la gauche qui s'excluent dans l'être en acte), est possibilité aussi bien de l'imparfait que du parfait. Il n'est pas de perfection qui ne soit victoire sur la possibilité du mal. Ce qui ne signifie nullement (telle est au fond la thèse centrale de la gnose dualiste) que le mal en acte serait nécessaire — sinon par accident — à l'avènement du bien.

Ce qui est parfait est sa perfection (Dieu est acte pur, l'essence de Dieu est d'exister, cet exister qui est acte de l'essence est ce qui se réalise en plénitude en Dieu qui, seul, *est* son acte d'être, au rebours du créé qui se contente de l'avoir). Si en effet le parfait se contentait d'avoir sa perfection, alors, puisque autre est ce qui possède, autre ce qui est possédé, il ne serait pas la perfection qu'il aurait, il serait donc imparfait : ce qui a sa perfection sans l'être est incapable de la réaliser pleinement et de la conserver. Cela dit, le propre du parfait est d'être diffusif de soi, éminemment communicable, parce que le parfait est bon, et que le bien est d'autant meilleur qu'il est plus commun, d'autant plus excellent que plus communicable. Or ce qui est sa perfection ne se communique pas lui-même en tant que sujet à ce à quoi il la communique (il ne se communique pas en la communiquant) : Dieu qui est son être fait qu'il y a des êtres, mais ces derniers ne sont pas divins. Le parfait doit donc être le sujet de la perfection qu'il exerce, et sous ce rapport il doit l'avoir pour l'être. Il doit donc, pour être parfait, réaliser l'identité de l'acte d'être sa perfection, et de l'acte d'avoir sa perfection : Dieu *a* l'être qu'Il est, et c'est à ce titre qu'Il l'est[14]. On verra plus bas en quoi ce résultat peut être précieux pour résoudre le problème du « point de suture » entre nature et grâce.

2. Problématique du rapport nature-surnature

« *Impossibile est beatitudinem hominis esse in aliquo bono creato. Beatitudo enim est bonum perfectum, quod totaliter quietat appetitum ; alioquin non esset ultimus finis, sed adhuc restaret aliquid appetendum. Objectum autem voluntatis, qui est appetitus humanus, est universale bonum. Ex quo patet quod nihil potest quietare voluntatem hominis nisi bonum universale, quod non invenitur in aliquo creato sed solum in Deo : quia omnis creatura habet bonitatem participatam. Unde solus Deus voluntatem hominis implere potest* » (*S. Théol.* I^a II^{ae} q. 2 a. 8)[15].

---

[14] De même que l'infini n'est concrètement infini qu'au titre d'identité concrète de l'infini et du fini (si l'infini avait le fini hors de soi, il serait « finitisé » par lui), de même l'acte n'est purement acte innocent de toute-puissance (passive) risquant de le limiter dans sa ligne d'actualité, que s'il est l'identité concrète de la puissance et de l'acte, comme puissance active. Et le thomisme n'a aucune difficulté à reconnaître que l'acte pur est identique à la puissance active absolue ; la difficulté tient au fait que le thomisme ne semble pas soucieux (ou capable ?) de rendre raison de cette identité entre puissance et acte.

[15] Il est impossible que la béatitude de l'homme se trouve dans quelque bien créé que ce soit. En effet, la béatitude est le bien parfait, lequel apaise complètement l'appétit ; sans quoi, ce ne serait pas la fin ultime, mais il resterait encore quelque chose à désirer. Or l'objet de la volonté, laquelle est l'appétit proprement humain, est le bien universel. Il est clair à partir de là que rien ne peut apaiser l'appétit humain, si ce n'est le bien universel, lequel n'est découvert dans aucun bien créé mais en Dieu seul, car toute créature a une bonté participée. Dès lors seul Dieu peut combler la volonté de l'homme.

Il est difficile de nier l'existence d'un désir naturel de Dieu. Pourtant maints théologiens furent invités à le faire, afin de préserver la gratuité de la grâce, gratuité que ce désir semblerait, selon eux, compromettre : si la nature peut se saisir de Dieu par elle-même, il y a commensurabilité entre Dieu et les créatures, et c'en est fait de la transcendance de Dieu ; si la grâce est requise pour que l'homme comble un désir naturel, c'est qu'elle n'est pas gratuite. Il est alors tentant de contourner l'obstacle en réduisant un tel désir de Dieu soit à une velléité, soit à une puissance obédientielle.

Le problème est que l'objet d'une velléité est tel que la volonté peut y renoncer, après que l'intellect lui a signifié que son objet relevait de l'impossible, et c'est en ce renoncement que la velléité se résout, ainsi trouve son accomplissement. Alors que le désir de Dieu coïncide avec la « *voluntas ut natura* » : par nature, la volonté tend vers le bien parfait, le bien absolu ou absolument bon (et que peut être ce bien absolu, sinon Dieu ?), et c'est en tant qu'aucun bien à elle temporellement proposé n'est parfait qu'elle jouit du libre arbitre ou pouvoir de choisir ; puisque le bien fini ne la nécessite pas, c'est que, si elle tend vers lui, elle le rend nécessitant pour elle, ce qui revient à dire qu'elle le choisit ; mais on voit bien là que la volonté n'est libre ou maîtresse de ses actes que dans la mesure où elle n'est pas libre quant à l'objet ultime qui la focalise par nature ou la pré-ordonne à lui (à tout le moins : dans l'unique mesure où elle est nécessitée par lui). On ne délibère jamais que des moyens. Or il est possible dans l'hypothèse du désir-velléité de délibérer à propos du bien considéré : jugé inaccessible, il est supposé pouvoir être révoqué par la volonté ; donc il n'existe en vérité de velléité qu'à l'égard des biens finis ayant raison de moyens par rapport à l'« *ultimus finis* ». Ce qui revient à dire que le désir de Dieu ne saurait se réduire à une velléité. Quant à la solution du désir-puissance d'obédience, elle est aussi défectueuse : dans cette perspective, il n'y a pas à proprement parler de désir naturel de Dieu, mais seulement une puissance naturelle (en un certain sens) dont

LE THÈME DE LA RÉFLEXION ONTOLOGIQUE

l'homme n'eût pas eu connaissance s'il avait été créé en état de pure nature, et qui est actualisée par la grâce et ne prend conscience d'elle-même que dans cette actualisation (la puissance de désirer Dieu ne serait naturelle qu'à la manière dont peut être dite naturelle la puissance, en la créature, d'être miraculeusement transformée, or relève du miracle ce qui précisément s'écarte de l'ordre naturel) ; cela dit, on obtient selon cette solution que l'homme est tiré vers le haut par l'actuation d'une telle puissance, cependant que ses désirs proprement naturels, supposés numériquement distincts de la puissance d'obédience, continuent de faire valoir leurs exigences en direction de biens immanents, et alors l'homme s'en trouve déchiré entre deux fins. *D'où au passage les comportements surnaturalistes que ce dispositif conceptuel rend possibles* : il faudra, pour éviter la déchirure, renoncer à l'actuation des désirs immanents, passer sa vie à mettre sa vie entre parenthèses afin d'éviter le péché, dans le but de laisser l'actualisation de la puissance obédientielle tirer l'homme vers le haut.

Comme on sait, ce problème du désir naturel de Dieu, non résolu par saint Thomas, sinon (cf. *op. cit.* I^a II^{ae} q. 5 a. 5 ad 1) de manière verbale (ce que nous pouvons par nos amis, nous qui devenons amis de Dieu par la grâce, nous le pouvons en quelque sorte par nous-mêmes, et cette observation suffirait selon l'Aquinate à préserver la thèse de la gratuité de la grâce), fut tranché par les Modernistes dans le sens de la « nouvelle théologie » (de Lubac et Rahner). Les traditionalistes ont ignoré un tel problème, refusant de le poser, pour se réfugier dans les solutions du désir-velléité ou de la puissance obédientielle (de Cajetan à Garrigou-Lagrange). Et ils en sont restés là, leurs maîtres du jour gardiens autoproclamés de l'orthodoxie contre-révolutionnaire accusant de curiosité malsaine ou de présomption tout esprit ayant l'outrecuidance de constater une aporie là où, trivialement paralysés par des habitus intellectuels sédimentés, ils prétendent s'incliner devant un mystère. Le mérite des modernistes est d'avoir osé reconnaître l'existence d'un problème là où il se posait, leur drame fut de prétendre le résoudre en dehors de et contre les principes les plus certains de la philosophie scolastique, ce qui les conduisit à en imposer une solution qui s'écarte du dogme catholique lui-même.

La philosophie moderne a renoncé à l'hylémorphisme ; les traditionalistes s'accrochent, à bon droit, à lui. Mais comment se peut-il que matière et forme, qui sont principes d'être *un* être, ainsi principes de la substance, puissent sans contradiction conserver leur statut de principes si, corrélativement, on maintient qu'ils tiennent leur acte d'exister de la substance existante dont ils sont les principes ? Comment l'acte pur peut-il être acte innocent de toute puissance, *et* puissance active maîtresse de l'exercice de son acte ? Comment l'essence peut-elle être puissance de l'exister, s'il faut être pour être essence, ainsi exister en tant qu'essence (jouir d'un esse actuel d'essence) pour être puissance d'exister ? Il a été suggéré plus haut que le thème de la réflexion ontologique pouvait apporter une réponse à ces questions. C'est seulement moyennant l'intromission de la réflexion ontologique dans l'hylémorphisme (vérité captive du hégélianisme dont les conclusions sont évidemment parfaitement irrecevables, en tant que gnostico-panthéistes, pour la pensée catholique et réaliste) que ce dernier peut s'armer efficacement contre les assauts mécanicistes, matérialistes, ou idéalistes des philosophies modernes.

Ce qui inspire la méfiance incoercible des traditionalistes, certes en première approche compréhensible à quelque égard, c'est que cette manière de comprendre l'hylémorphisme enjoint à la raison de concevoir le repos (ou l'identité, ou le non-contradictoire) sur le modèle d'un passage à la limite du mouvement (ou de la différence, ou du contradictoire, ou du non-être) se sublimant, par radicalisation de lui-même sommé par elle de se réfléchir, en immobilité (ou en identité, ou en non-contradictoire, ou en acte pur d'être), étant entendu que l'objectivation du résultat de ce passage à la limite est reconnue impossible à la relative débilité de la raison créée, parce qu'elle n'est pas sa propre origine et confesse ne l'être pas du fait même de cette impossibilité de l'objectivation d'un tel passage à la limite dont pourtant elle sait la nécessité et dont elle comprend le sens. Le traditionaliste frileux, qui ne voit dans cette dialectisation de l'hylémorphisme qu'une contorsion intellectuelle équivoque et périlleuse, redoute en cette situation de se faire contaminer par le mobilisme héraclitéen, alors qu'il s'agit exactement du dépassement de ce dernier. À parler strictement, la réflexion (ontologique) n'est pas un mouvement, elle est un acte, bien qu'il ne soit pas illégitime, à cause de notre finitude constitutive, de la définir en termes de mouvement, dans la mesure où elle est passage à la limite, conversion substantielle instantanée du mouvement en immobilité, un peu à la manière dont le progrès asymptotique d'une courbe permet de désigner la droite qui, selon l'analogie ici pédagogiquement proposée, serait non représentable, mais dont ce progrès représentable la fait indéfiniment s'approcher.

La réflexion selon Hegel

En termes plus techniques, plus conformes au vocabulaire de Hegel :

Ce qui est identité à soi réflexive *pose* l'origine (qui était contradictoire en tant que nativement contrainte de s'aliéner dans le moment de sa négation, lequel, en se radicalisant, se fait négation de négation reconduisant à l'origine), ainsi pose la vocation à se nier de cette origine, mais corrélativement, comme *résultat* d'un mouvement, l'identité à soi réflexive est négation de l'origine (à laquelle elle est identique en tant que ce mouvement est *circulaire*), de sorte qu'elle est tout autant négation de la vocation à s'aliéner de cette même origine, et c'est ainsi que cette position de l'origine, qui est *confirmation* de son aliénation, aliénation redoublée de l'origine, a pour sens d'être une sublimation du résultat en identité concrète non contradictoire de l'origine (contradictoire) et de son moment négatif (lui aussi contradictoire), en tant qu'un tel redoublement consiste pour le résultat à *se réfléchir dans son processus, à se libérer de lui-même (ainsi de sa contradiction) en se réduisant au statut de moment du processus dont il est le résultat*, et, se libérant de sa contradiction, à se poser telle cette identité concrète non contradictoire des contradictoires. Autrement dit, ce qui est identité à soi réflexive *est* son objectivation mais, en tant qu'il s'objective son *être*, il est immédiatement objectivation de l'objectivation de soi qu'il est, se libérant de ce qu'il s'objective et se convertissant, dans et comme le « *terminus a quo* » de son objectivation, en l'identité non contradictoire de cette identité contradictoire des extrêmes qu'il s'objective. *Ici, « confirmation du moment négatif », « objectivation de l'objectivation de soi », « réflexion dans son processus », disent la même chose.* Et la même chose est encore signifiée par l'évocation de la chrysalide se sublimant en ce papillon qui la conserve en la niant, et qui la conserve — elle qui était de soi puissance à devenir papillon, mais extérieure à lui — en la réduisant dans lui-même en tant que devenu substance par cette réduction même, au mode d'être de puissance immanente à produire d'autres papillons ou à se régénérer en tant que papillon : une telle réduction dit la même chose que la réflexion dans son processus du résultat du processus. Que le résultat ultime (sublimation non contradictoire de l'identité — qu'il s'objective — contradictoire des contradictoires) du processus ne soit pas objectivable *par notre raison* en tant qu'elle est finie (notre raison n'est pas la raison suffisante de la réflexion qu'elle exerce, autrement la pensée de son existence serait productrice de l'existence de sa pensée, et elle serait divine), n'empêche pas cette même raison, se faisant dialectique, de désigner avec certitude l'existence d'un tel résultat, par « passage à la limite » : la confirmation — elle-même gravide de la transfiguration du résultat en résultat non contradictoire et comme émancipé du processus qu'il ne cesse pourtant de nourrir — du moment de la position dans sa négativité de l'origine, et la négation de soi du négatif se reconduisant par là au résultat, sont les deux aspects d'un même acte ; s'il nous est impossible de nous objectiver cette transfiguration (exercer l'acte de transfiguration), il nous est possible d'exercer de manière asymptotique la négation du moment négatif.

LE THÈME DE LA RÉFLEXION ONTOLOGIQUE

La réflexion selon saint Thomas

Une autre manière d'exposer pédagogiquement le sens du concept de réflexion ontologique ou substantielle peut consister à partir de la démarche thomiste relative à l'établissement des noms divins (*S. Théol.* I³ q. 13 a. 1, *De Divin. Nom.*, *De Pot.* q. 7 a. 5 et q. 9 a. 7) : on doit procéder par mode d'éminence (*per modum eminentiae* : Denys l'Aréopagite, ou Pseudo-Denys), par mode de causalité et par mode de négation (*per modum causalitatis et negationis* : Ibn Sïna et Maïmonide). Pour qu'un même nom ou concept, désignant une perfection dans un ordre donné, puisse se dire du créé et de l'Incréé, du fini et de l'Infini (la différence quantitative infinie impliquant une différence de nature) en évitant tant l'équivocité (qui mène à l'apophatisme et au nominalisme) que l'univocité stricte (qui risque de faire tendre vers le panthéisme), il faut procéder comme suit : la bonté ou la beauté, ou la vérité, se dit de Dieu et du créé en tant que Dieu est cause de ces perfections réalisées à l'état fini dans les créatures ; mais aussitôt il faut affirmer que la bonté (ou la beauté ou la vérité) de Dieu n'est pas celle des créatures ; pour maintenir l'affirmation et la négation ensemble, on ajoutera que Dieu est ce que les créatures ont : telle est l'analogie d'attribution, et d'attribution intrinsèque en tant que Dieu doit être ces perfections pour les communiquer sans les perdre, alors que les créatures ont ces perfections (à commencer par cette perfection qu'est l'acte d'être) ; Dieu possède suréminemment, ou superlativement, selon son mode propre, toutes les perfections participables. Il est aisé de faire observer que l'exposition de ces trois moments : affirmation, négation, identité des deux dans l'éminence qui les assume en les transfigurant, n'est vraiment pas éloignée des trois moments définitionnels de la réflexion ontologique : « manence », « procession » génératrice d'altérité et d'aliénation, « conversion substantielle ou réflexion » obtenue par retournement contre soi-même — consécutif à sa radicalisation — de son aliénation. Un tel rapprochement est même inévitable si l'on fait observer que les trois modes de prédication thomistes, relatifs au mode rationnel de connaître, ainsi aux scansions du processus de la connaissance, ne peuvent pas ne pas être identiques aux moments du processus de l'être : plus simplement, *le chemin qu'emprunte la raison pour saisir l'être en tant qu'être doit être identique au chemin qu'emprunte l'être en tant qu'être pour être ce qu'il est*. Quand l'Aquinate, dans le *De Veritate* (q. 1 a. 1), nous propose une déduction des transcendantaux (concepts qui s'attribuent à leurs inférieurs logiques *et* quant à ce qu'ils ont de commun, *et* quant à ce qu'ils ont de propre, ainsi concepts convertibles avec l'être : *ens, unum, aliquid, bonum, verum*, le « *pulchrum* » étant une espèce du « *bonum* »), il fait observer que le vrai et le bien se prennent de la relation qu'entretient l'être en tant qu'être à l'égard des puissances de connaître et d'aimer. Or ces mêmes puissances sont, en tant que telles, de l'être, elles sont intérieures à ce avec quoi elles sont en relation, ce qui revient à dire que l'être entretient à l'égard de lui-même une relation constitutive de lui-même, qu'il ne serait pas ce qu'il est sans cette relation intestine à soi, et que cette relation à soi ne peut être autre chose qu'une réflexion sur soi, une relation sujet-objet où l'objet est le sujet lui-même. Or c'est bien là signifier que le chemin qu'emprunte la raison pour accéder à son objet adéquat (l'être) est identique au chemin qu'il emprunte pour être ce qu'il est.

3. Application de la réflexion ontologique au problème du rapport entre nature et surnature

On dira en deux mots ceci :

Si l'être absolument être n'est tel qu'à condition de se faire victorieux du néant qu'il confirme (comme objectivation — qu'il est — de la puissance active à être ce qu'il est) dans l'acte où il le nie, alors la perfection divine ou l'infini actuel est assomptif de tous les degrés finis de cette perfection qu'il absolutise en l'hypostasiant (si l'infini était exclusif du fini, ce dernier lui serait extérieur, mais par là il serait « finitisé » par le

LE THÈME DE LA RÉFLEXION ONTOLOGIQUE

fini que de ce fait il doit assumer pour le vaincre : l'infini concret est identité concrète de l'infini et du fini) ; si l'on consent à reconnaître en ce néant le « *terminus ad quem* » du désir naturel de Dieu et le « *terminus a quo* » de la vie surnaturelle, alors on s'aperçoit que la thèse d'un désir naturel de Dieu est recevable sans qu'il soit nécessaire de déifier les pouvoirs naturels de la créature, non plus que de compromettre la gratuité de la grâce ; en état de pure nature, Dieu eût été naturellement accessible, mais dans le moment nul de sa perfection infinie ; dire que le seul point commun entre créé et Incréé est le néant (un néant qui est[16]), équivaut à dire qu'il n'y a rien de commun

---

[16] L'être du néant en tant que néant ne peut être que celui de l'être en puissance, entendu comme puissance à être, c'est-à-dire comme puissance dénuée de toute actualité. On dira certes qu'il faut bien que la puissance *soit*, elle-même, pour être puissance, et on ajoutera que le néant — par définition — n'est pas, qu'il n'est qu'un être de raison ; mais précisément, l'être de cet être en puissance considéré comme dénué de toute actualité, *est* l'être à l'égard duquel il est en puissance, et que précisément il n'est pas en tant qu'il n'en est que la puissance ; en tant que puissance — qui est — à être, il est bien un néant qui est. La pure puissance, prise comme limite extrême de la pénurie ontologique, fait se réaliser son être d'être en puissance, mais dans le moment même où cette réalisation lui soustrait toute forme d'être, puisqu'il n'est que puissance à tout être, de sorte qu'il n'est pas mal nommé néant, entendu comme cette position dans sa négativité en laquelle s'anticipe, pour s'en faire provenir, l'être en acte. Pour le dire autrement : les principes de l'être mobile sont la matière, la forme et la privation, mais entre la « *materia signata* » et la privation, il n'existe qu'une différence de raison, de sorte que la matière prime est privation radicale de toute forme ; comme sujet réceptif de la forme, la matière prime doit bien avoir un minimum de consistance ontologique, et pourtant il ne lui est pas donné de pouvoir subsister en tant que prime : aussitôt que posée comme matière *prime*, elle se renie comme *matière*, elle n'a même pas l'être de ce non-être relatif qu'est la matière ; elle est donc néant, et pourtant elle n'est pas rien puisqu'elle est sujet : elle est néant qui est, lequel est immédiatement néant de toute chose, ainsi concomitamment néant de lui-même et surgissement d'être.

entre eux, comme l'exige l'orthodoxie. Le néant en Dieu, comme le plus bas moment d'assomption de tous les degrés finis de la perfection qu'Il est, et qu'Il est en tant qu'il en assume et maîtrise tous les degrés, est « *materialiter* » identique au néant dont procède la créature, néant dont la réflexion sur soi (néantisation du rien) est l'acte créateur même, intrinsèque à la créature ; mais, parce que ce néant doit être considéré tantôt tel le moment négatif d'une réflexion constituante qui est raison suffisante d'elle-même, tantôt tel le moment négatif d'une réflexion qui ne l'est pas, ils sont « *formaliter* » différents. On voudra bien noter qu'en un tel néant peuvent s'identifier les termes d'une « *abstractio totius* » et d'une « *abstractio formae* » de l'être, si l'on se souvient que l'on aboutit par la première au néant potentiel de ce qui n'a même pas assez d'être pour être ce non-être qu'est la matière prime, et que l'on aboutit par la seconde à quelque chose d'inobjectivable pour nous mais dont on sait qu'il désigne l'acte pur d'être : si l'être est en soi et de toute éternité victoire sur le néant qu'il assume tel le plus bas de tous les degrés d'être, alors ce néant — terme d'une « *abstractio totius* » — est cela même que désigne le terme d'une « *abstractio formae* », mais comme moment négatif de la réflexion par quoi le divin est Dieu.

Réflexion ontologique et bien commun

Pour en revenir à la question politique, on voudra bien observer que le concept de réflexion ontologique résout l'aporie du bien commun immanent : « *Totus homo ordinatur ut ad finem ad totam communitatem cujus est pars* » (*S. Théol.* II^a II^{ae} q. 65 a. 1)[17].

Comment se peut-il alors que la société ait raison de moyen pour la béatitude, fin ultime, si l'on entend éviter le problème d'une dualité de fins (immanente qui rive l'homme au monde,

---

[17] L'homme tout entier est ordonné comme à sa fin à toute la communauté dont il est la partie.

et transcendante qui l'arrache au monde) génératrice de surnaturalisme ? Si le bien commun est à l'individu comme l'acte à la puissance (la partie est pour le tout), si l'acte est victorieux de la puissance dans le moment même où il la confirme, on obtient que le service du bien commun aimé au titre de fin actualise en l'homme la conscience de puissances ayant vocation à s'actualiser au-delà du politique, et plus précisément est l'actualisation au-delà du politique de sa puissance d'aimer : c'est paradoxalement quand l'homme s'ordonne à la cité comme à sa fin que la cité remplit pour l'homme cette fonction de moyen de sa béatitude, parce que c'est le bien commun (dont la réalisation exigeait la subordination de l'homme à lui) lui-même qui renvoie l'individu à lui-même : l'homme n'est vraiment homme qu'en se conformant aux exigences de son essence ou nature, laquelle est tout entière quoique non totalement en chaque homme, et se veut en l'homme par là invité par elle à la vouloir en se rapportant à elle et non en lui étant rapporté ; or cette dernière n'est parfaitement actualisée que dans et comme la cité, entendue non telle une abstraction, mais telle cette totalité inclusive de personnes réelles (« *Multitudo praeter multis non est, nisi in ratione ; multitudo tamen in multis est in rerum natura* », saint Thomas, *De Pot.* III 16, a. 16[18]) ; le bien commun hypostasié dans l'ordre politique est le bien de la nature humaine, de cette nature qui œuvre en chaque homme et lui enjoint de se conformer à elle : *le bien commun est la réalisation en acte de toutes les potentialités de la nature humaine à l'intérieur d'une communauté historique de destin donnée* ; aussi, en s'ordonnant à la cité comme à sa fin, l'homme ne fait que satisfaire aux réquisits de sa nature, par là il se contente de se conformer à elle, et ainsi, ce faisant, il actualise en

---

[18] La multitude, considérée en dehors des individus qu'elle rassemble, n'est qu'un être de raison ; considérée comme étant en eux [à savoir tant comme multitude concrète intégrant les individus, que comme totalité idéelle inhérente à chacun d'eux telle sa tendance à faire partie d'un tout], elle est dans la nature des choses, ainsi est une vraie réalité.

lui, en se perfectionnant de cette manière, les ressources l'invitant à aimer un bien qui excède l'ordre politique.

On voudra bien noter aussi que si le bien en général est d'autant meilleur qu'il est plus commun ; si sa communicabilité est — selon l'expression de Charles de Koninck — de la raison même de sa perfection, c'est certes parce que son excellence intrinsèque fait qu'il est appétible par un plus grand nombre en tant que cette excellence dans le bien fait de lui la cause ou raison des biens particuliers (lesquels ne sont dits bons qu'au titre de participations à l'essence du bien, ainsi comme autant de particularisations du bien commun, d'autant moins éloigné de l'essence du bien qu'il est plus commun), superlativement assomptive de ses effets ; mais c'est aussi et plus profondément parce qu'il est de la raison de la bonté d'être diffusive de soi : le bien s'augmente en se communiquant, est d'autant meilleur qu'il est plus capable de se communiquer, est par là apte à être tout entier en tous (sans l'être totalement en chacun), tout entier en chacun sans avoir à se diviser, sans être en demeure de se tronquer, de porter atteinte à son unité, de s'insurger contre soi-même ; si le bien doit être divisé pour être communiqué, il doit renoncer à une partie de soi pour le faire, il doit donc renoncer au moins partiellement à soi pour se donner, il se perd en partie en se donnant ; mais ce qui n'a pas à renoncer à soi pour se donner, c'est *ce qui demeure identique à soi dans sa différence d'avec soi* (il reste tout entier en lui-même sans cesser d'être en d'autres) ; or c'est là *se faire la cause et le résultat parfaitement immanent d'une identité à soi réflexive faisant s'identifier l'essence et le savoir qu'elle a d'elle-même, c'est être une réflexion ontologique.* La primauté du bien commun sur les biens particuliers s'explique en dernier ressort par la réflexion ontologique. Dire du bien qu'il est d'autant meilleur qu'il est plus commun, c'est dire qu'il se rapproche d'autant plus de l'essence du bien qu'il est plus commun ; mais l'essence du bien est cause des biens participants ou finis si et seulement elle est assomptive, superlativement, de ces degrés finis de bonté : la puissance à prendre part au Bien, en tant qu'attribut du participant, est elle-même un bien, elle appartient au participé (étant assumée par lui selon son mode propre) à quoi elle donne accès, et si le chemin qui mène au bien est intérieur au bien, c'est qu'il est définitionnel du bien de s'acheminer vers lui-même, ainsi d'être en tant que résultat identique au processus dont il est le résultat, mais c'est là être une réflexion, un processus posant comme son résultat le départ du processus même ; or l'essence du bien est assomptive de ses degrés finis de bonté si et seulement si elle sait faire l'épreuve, en elle-même et indépendamment des biens finis concrets, de se faire finie sans cesser d'être infinie ou parfaite, ainsi d'être identique à soi dans sa différence, négation de la finitude en laquelle elle se nie et qu'elle confirme dans l'acte de la nier, par là réflexion ontologique. La communicabilité entendue telle la raison de la bonté du bien s'explique par sa puissance causale, mais cette dernière s'explique par la réflexion ontologique : l'être en tant qu'être, convertible avec le bien, est réflexion substantielle. C'est parce qu'il est de l'essence du Bien, c'est-à-dire de ce dont l'essence est le Bien, de n'hypostasier cette essence qu'en se faisant assomptif de tous les degrés finis de bonté, que le bien commun peut être tout entier quoique non totalement dans le bien de chacun (la victoire est le bien commun de l'équipe sportive, ainsi du tout pris comme tout, et en même temps cette victoire constitue en droit la meilleure part du bien particulier de chaque membre de ce tout) : le bien particulier est une particularisation du Bien (commun), un moment d'actuation de la réflexion ontologique constitutive du Bien, tout entier immanent à chacun de ses moments sans se réduire à aucun. En tant qu'il est tout entier quoique non totalement en chaque bien particulier, aucun bien particulier ne se révèle en mesure d'épuiser la richesse de causalité du bien commun, et c'est pourquoi il est meilleur en tant qu'il est, cependant qu'il est *mon* bien, tout autant et de surcroît le bien *d'un autre*.

VIII

BILANS

Pour une contre-révolution révolutionnaire

A) Sur le plan religieux, il n'y a pas grand-chose à faire, en ce sens que l'on ne décide pas, dans et à propos de la vie de l'Église, comme on peut décider en société du détenteur de l'autorité et des principes de l'action politique. Tout au plus peut-on — ce qui au vrai est essentiel — en dehors de la prière, s'efforcer à mieux discerner, par le moyen de l'étude historique et de la réflexion philosophique, les causes du surgissement de l'hérésie et du modernisme. Si ce qui précède n'est pas infondé, une telle tâche invite à chercher, du sein même du camp de la Tradition catholique, une troisième voie entre d'une part consentement au modernisme, fût-il édulcoré et seulement tacite, et d'autre part retour inconditionnel au passé, fût-il doté d'artifices inoffensifs supposés l'adapter aux exigences incontournables du monde contemporain. Procédons à une analogie. En 1789, il y avait le camp déclaré de la subversion antichrétienne et antinaturelle, satanique par essence, et c'est là évidemment le camp de nos ennemis puisque le monde moderne qui nous réduit à l'état de parias n'en est que la progéniture ; il y avait en deuxième lieu les futurs émigrés de Coblence qui considéraient que tout allait bien, méconnaissant de manière dramatique les dysfonctionnements criants de l'Ancien Régime[19] ; il y avait aussi les tièdes et « modérés » substantiellement gagnés à la subversion (les futurs orléanistes,

---

[19] Talleyrand disait d'eux : « ils n'ont rien appris, ni rien oublié ».

bonapartistes, ou monarchistes chartistes, tout comme aujourd'hui les tenants d'une « droite » républicaine, c'est-à-dire jacobine, ou, dans le domaine religieux, les « ralliés » de tout poil), soucieux de marier le Christ et Bélial, l'ordre des choses et la Révolution insurgée contre l'ordre ; il aurait pu y avoir des hommes foncièrement attachés aux principes fondamentaux de l'Ancien Régime — entendons : aux fins qu'il entendait servir — mais qui, conscients des iniquités de la société monarchique française du XVIIIe siècle, savaient, avec Antoine de Rivarol, qu'une révolution était trop nécessaire pour que l'on pût se permettre d'en faire l'économie ; cette révolution intérieure au bon combat fut — très imparfaitement — tentée beaucoup plus tard dans l'expérience de la croisade — foncièrement heureuse, quels qu'aient été ses travers accidentels — des fascismes. [Bien entendu, les « propugnateurs » rassis du « *bonum certamen* », aveuglés par leur bonne conscience et leur passion passéiste, n'auraient vu (et ne voient toujours) en cette tendance qu'une variante du libéralisme abhorré, c'est-à-dire du projet tératologique des « modérés ». Ils y voient même volontiers un moment d'effectuation de l'entreprise totalitaire et satanique de soumettre le monde à un État mondial : communisme et nazisme, même combat, « la peste et le choléra » qui sont sœurs ennemies ne sauraient s'opposer longtemps, etc.]. On peut et on doit déplorer, rétrospectivement, que ce dernier groupe sans nom n'ait pas su à l'époque se donner une efficience politique et procéder à cette révolution dans la Tradition, nécessaire au salut de cette dernière. Dans les réalités vivantes, l'immobilité de ce qui est parfait (et il est vrai que le parfait est en droit immobile : il n'a plus à s'acheminer vers son entéléchie puisqu'il se repose en elle, et il est innocent de toute tendance au déclin puisqu'il possède sa perfection au point de s'identifier à elle, de sorte qu'il ne saurait la perdre) n'est pas la staticité de ce qui est mort et/ou qui répugne à la dynamique du devenir, mais l'absolutisation du mouvement, son « *Aufhebung* », sa sublimation : si le vivre est bien le propre de ce qui se **meut** par soi d'un mouvement spontané quant à l'origine et immanent quant au terme, si le degré de vie est mesuré par le degré d'immanence de ce mouvement, alors le degré maximal de la vie est celui de l'immanence absolue du mouvement du vivre, quand le terme coïncide avec l'origine ; c'est alors que le mouvement se supprime dans sa maximisation même. (Et telle est, au fond, la réflexion ontologique : caractère propre de l'activité du Parfait — mais qui se réfracte inchoativement dans ses œuvres —, en son immobilité répudiant tout mouvement et toute relativité, mais gravide de toute la dynamique du devenir). C'est pourquoi la vie des peuples, et plus généralement la vie spirituelle, qui repose sur la transmission — ou Tradition— ou mémoire de l'éternel, n'est pas la simple réitération indéfinie du même ; elle est chaque fois la réinvention de ce dont elle fait mémoire ; on ne transmet fidèlement qu'en réinventant, de même qu'on n'imite adéquatement qu'en recréant. On n'est fidèle au meilleur du passé qu'en le ré-enracinant dans la conscience toujours actualisée de ce qu'il a à être, ainsi de la fin — au double sens du mot : d'une part terme temporel, et au vrai limite commune au temps et à l'éternité, et d'autre part finalité ou but — qu'il est en demeure de poursuivre et à laquelle, aussi longtemps qu'il est dans le temps, il est inadéquat.

La véritable vocation, aujourd'hui, d'un mouvement contre-révolutionnaire conscient des raisons de l'échec de ses prédécesseurs, consiste à faire sien et à tirer toutes les conséquences du projet formulé par Robert Aron et Arnaud Dandieu : quand l'ordre n'est plus dans l'ordre, il faut qu'il soit dans la révolution, et la seule révolution que nous admettions est la révolution de l'ordre ; contre Joseph de Maistre, la contre-révolution sera, non pas le contraire de la révolution, mais une révolution contraire. Parce que la révolution mortifère est née dans le terreau de ce que la contre-révolution entend réhabiliter, quand donc ce dont la contre-révolution s'inspire est — quoi qu'elle en ait et contre toute attente — déjà contaminé par et subrepticement complice de ce à quoi elle prétend s'opposer, l'unique salut véritablement contre-révolutionnaire consiste à révolutionner le passé tant pour prévenir le surgissement du présent révolutionnaire que pour lui substituer quelque chose ayant quelque chance de n'être pas la reviviscence malgré elle des conditions ayant présidé à la genèse du présent légitimement détesté.

Il n'existe pas de « régime idéal » en politique, au sens où la nature humaine — pour autant qu'elle évite le péché — saurait s'y approprier si parfaitement qu'il serait en droit doté d'une pérennité complète. De même qu'il est naturel à l'homme de mourir cependant que la séparation de l'âme et du corps demeure une agonie — ainsi un combat, l'épreuve d'une contradiction — qui répugne à la nature du corps puisque l'âme est sa forme, par là son acte, de même toute société monarchique — qui conjugue verticalité hiérarchique (staticité, inégalité nécessaire et bienfaisante) *et* immanence du tout aux parties par là horizontalement solidaires les unes des autres (organicité) dans une pulsation vitale dynamique (renouvellement des élites) — tend d'elle-même avec le temps à scléroser ses différences (ordres sociaux dégénérant en classes) en exténuant sa non moins nécessaire organicité (condition *sine qua non* du bien commun), de sorte que la monarchie a vocation à se renouveler, à se ressourcer, à se risquer aussi, périodiquement, dans un régime organique de type explicitement ou implicitement fascisant, pour s'en faire sourdre en tant que dotée d'une nouvelle vitalité, en l'achevant (aux deux sens du terme). Tout fascisme a vocation à s'apaiser en monarchie ; toute monarchie a vocation à se revitaliser dans le fascisme ; s'il répugne à se sublimer en elle, il dégénère en tyrannie intenable et bientôt en démocratie égalitaire ; si elle répugne à se risquer en lui, elle dégénère, sous la caution du surnaturalisme théocratique, en oligarchie libérale.

Quelques points du programme de la contre-révolution

On peut, au titre d'esquisse d'un programme de travail, suggérer la prise en compte de dix points définitionnels de l'originalité de la vraie contre-révolution aujourd'hui. *Son principe méthodologique est qu'il existe des « vérités captives » — c'est-à-dire des erreurs faisant mémoire des vérités qu'elles trahissent — dans les camps du mauvais combat et dans les fausses doctrines qui les inspirent, et que ces vérités sont celles-là mêmes que nous avons méconnues avant que l'erreur ne surgît, et dont la méconnaissance a rendu possible la victoire du mauvais combat*[20]. Il s'agit donc pour nous de repenser notre propre héritage à la lumière de ces vérités méconnues confisquées par le camp de la subversion, et en lequel il faudra bien aller les chercher sans crainte de se salir les mains ; de telles idées n'ont pas bonne presse « chez nous », parce qu'elles sont accidentellement solidaires des erreurs que nous combattons, et nos frères ennemis de combat traditionaliste auront tôt fait d'identifier en nous des « infiltrés », des « mous », ou des esprits incohérents.

1) Nécessité de repenser, en contexte thomiste en particulier, le problème du rapport entre nature et grâce, afin d'en appliquer les solutions au traitement du problème du rapport entre Église et État, et dans le but plus général de conjurer les effets pervers du surnaturalisme en proposant une troisième voie entre réponse moderniste (de Lubac, Rahner) et réponse réactionnaire (Cajetan, Garrigou-Lagrange).

2) Mise en forme étayée du refus du « ralliérisme » (régularisation canonique acceptée par les catholiques traditionalistes

---

[20] L'antique gnose, matrice de toutes les théorisations de la révolte des hommes et des anges contre Dieu, formalisée par Hegel (qui quant à lui ne sut pas s'en émanciper), est riche d'une vérité captive (le thème de la réflexion ontologique emprunté par les systèmes gnostiques au néo-platonisme) qui, en tant que captive, est pour notre camp précieuse à la mesure de l'extrême (peut-être indépassable dans le mal) perversité de la doctrine qui la confisque, et elle est à ce titre la seule arme intellectuelle capable, en achevant le thomisme, de vaincre, en tant que libérée d'elle, une telle doctrine.

supposés conserver leur identité à l'intérieur de l'Église conciliaire).

3) Proposer une troisième voie entre la position de la FSSPX et les positions sédévacantistes, susceptible de les réunir et de les fédérer (voir ici : Annexe). Notons ici que le sédévacantisme actuel, devant que de rendre raison de manière apodictique de sa conclusion (vacance), se met en demeure de procéder à une extension abusive du champ d'infaillibilité de l'enseignement pontifical, ce qui le contraint à accepter sans réserve tant les tendances modernes de type démocrate-chrétien (Léon XIII, Pie XI, Pie XII) que les tendances théocratiques inspirées par Boniface VIII. Dans les deux cas, le sédévacantisme est contraint de se solidariser avec des pratiques et des positions surnaturalistes.

4) Mise en forme d'une critique du « Ralliement » de Léon XIII.

5) Sur la question juive. Contre le Père Julio Meinvielle, Joseph de Maistre, Barthélémy Holzhauser, le diacre janséniste et « figuriste » François de Pâris, ou le « Marquis de La Franquerie », il faut dire qu'il n'y a plus de peuple élu depuis la déchirure du voile du Temple, fors la « race élue de Jésus Christ », à savoir le peuple des baptisés. Il convient d'étudier (tout n'y est pas recevable) les travaux de Denise Judant, Shlomo Sand, et ceux du Cardinal Daniélou (dialogue avec André Chouraqui) par exemple.

6) Sur la question juive. Prise en considération franche et entière de la thèse dite « révisionniste » à propos de la « Shoah », et déduction des conséquences avec mise en évidence des enjeux. Ici, pour mémoire, les textes suivants de Mgr Williamson (*Commentaires Eleison* n°s 531 et 533 des 16 et 30 septembre 2017), dont nous faisons globalement nôtre le contenu, suivi d'une remarque et de citations riches d'informations utiles :

BILANS

Vérité historique – I

Cherchez par la raison, aimez la vérité ;
À temps et à contretemps, il faut la protéger.

L'Écriture dit (II Thess. II, 9-12) que la venue de l'Antéchrist « est l'œuvre de Satan [...] et s'accompagnera de toutes les séductions de l'iniquité pour ceux qui se perdent ; parce qu'ils n'auront pas accueilli l'amour de la vérité qui les eût sauvés. C'est pourquoi Dieu leur envoie une influence qui les égare pour qu'ils ajoutent foi au mensonge et que soient condamnés, tous ceux qui, au lieu de croire à la vérité, se complaisent dans l'iniquité. » Ici chaque mot de saint Paul doit être pesé.

À l'approche de la fin du monde, laquelle — on peut le dire en toute certitude — englobera le XXIe siècle, la perversité de l'Antéchrist viendra tromper les âmes qui se dirigent vers l'Enfer. Ces âmes se pressent vers l'Enfer <u>parce qu'elles n'acceptent pas l'amour de la vérité</u> comme elles l'accepteraient si elles se dirigeaient vers le Ciel. Si bien que, <u>parce qu'elles n'auront pas aimé la vérité, Dieu les punira par l'erreur</u>, et elles en viendront à croire en une quantité d'erreurs. De sorte qu'on peut dire qu'ils s'attirent sur eux le jugement, ceux qui, au lieu d'aimer tout d'abord, de chercher, de trouver et de croire en la vérité, consentent à prendre part en ce monde aux vils mensonges fabriqués par l'Antéchrist et ses agents (qu'on peut appeler « anti-christs » avec « a » minuscule), pour peupler l'Enfer.

Notez bien que la damnation presque générale des derniers temps consiste moins dans le refus de la <u>vérité</u>, que dans le refus de l'<u>amour de la vérité</u>. Aujourd'hui, ce monde de mensonges fabriqué par les politiciens et les medias, une « influence qui les égare » — comme il n'y en a jamais eu — peut être perçu comme s'il n'y avait pas de vérité à refuser. Toutefois, si je garde l'espérance et si, avec un cœur droit, je me mets à la recherche de cette vérité dont je sais que je ne la trouve pas autour de moi, Dieu veillera à ce que je la trouve (Mt. VII, 7-8). En revanche, si je connais une vérité importante et que je feins de l'ignorer, Dieu m'abandonnera. Voici un exemple de ce qui peut advenir aujourd'hui, n'importe où, dans notre monde occidental.

Bernard Jouanneau, avocat français, est mort récemment. Des années durant, il a servi la LICRA, poursuivant en justice le Professeur Robert Faurisson pour avoir nié la vérité historique des chambres à gaz de la Seconde Guerre mondiale. On considère généralement que six millions de juifs sont morts durant cette période. (La LICRA est la Ligue Contre le Racisme et l'Antisémitisme qui a poursuivi Mgr Lefebvre pour avoir osé, à la fin des années 1980, suggérer que les musulmans devraient retourner dans leurs propres pays). Dans un entretien avec le journal catholique français *La Croix* du 23 septembre 1987, **Jouanneau a déclaré : « Si les chambres à gaz ont existé, la barbarie des nazis est inégalée. Si elles n'ont pas existé, les Juifs ont menti et l'antisémitisme serait alors justifié. C'est là tout l'enjeu du débat sur les chambres à gaz. »**

L'avis de Jouanneau est tout à fait exact, à ceci près qu'ici l'enjeu dépasse même la politique. **Car « l'Holocauste » est une quasi-religion partagée aujourd'hui par beaucoup d'âmes. Auschwitz remplace le Calvaire, les chambres à gaz figurent la Croix, et les Six Millions de Juifs prennent la place du Rédempteur, ce qui, en d'autres termes, signifie qu'ils sont Dieu.** Cet « Holocauste » tient pratiquement lieu de religion d'État à beaucoup de nations occidentales modernes. Par conséquent, ne serait-il pas naturel que les États et les individus modernes s'intéressent sérieusement à la réalité des chambres à gaz qui sont au cœur de cet « Holocauste » ? Or, que voit-on ? Un grand nombre de ces États ont adopté des lois interdisant la mise en cause de la version officielle des chambres à gaz. Mais depuis quand les lois peuvent-elles faire ou défaire la vérité ? De telles lois jettent le discrédit sur la Loi toute entière !

Voilà un énorme manquement à l'amour de la vérité et un manque de vérité proportionnel. Bien sûr, c'est là une « influence qui égare », et elle se referme sur nous autres, de par l'action scélérate des medias. Pourtant, quiconque aime la vérité n'a qu'à passer quelques heures sur Internet pour que sa foi dans les chambres à gaz, aussi sentimentalo-religieuse soit-elle, se fasse ébranler. Rien d'étonnant à ce que les membres de la LICRA et leurs affidés font tout leur possible pour censurer Internet, mais malgré tous les périls, Internet reste jusqu'ici un atout qu'il faut défendre vigoureusement, du moins tant que la LICRA n'aura pas réussi à contrôler la toile.

Kyrie eleison.

BILANS

Vérité historique – III

Comment les hommes ne seraient-ils pas déroutés, Quand la plupart d'entre eux refusent la réalité ?

Notre « civilisation » occidentale se trouve maintenant plongée dans un effroyable châtiment : nous perdons totalement la notion du réel. C'est la punition réservée à ceux qui persistent dans le mensonge. Les gens ne sont plus capables de discerner le vrai du faux, ni l'imaginaire de la réalité. L'imaginaire paraît certes plus agréable, mais hélas, la réalité finit toujours par reprendre ses droits. Plus on s'attache à l'imaginaire, plus dur est le retour au réel. Les deux guerres mondiales du siècle dernier n'ont-elles pas été un violent rappel à la réalité ? Actuellement, nous nous dirigeons vers une troisième guerre, car la préférence pour l'imaginaire s'élève au rang d'une idéologie. Venant d'un site qui s'efforce de respecter la vérité, voici une histoire montrant clairement comment s'opère le passage du mensonge à l'idéologie.

En 2009, Herman Rosenblat, Américain d'origine polonaise, a rédigé de touchants souvenirs sur l'Holocauste. Avant même la publication du script, les droits d'auteur ont été vendus 25 000 $. *L'Ange à la clôture du camp* (*Angel at the Fence*), raconte comment Rosenblat, emprisonné pendant la seconde guerre mondiale dans le camp de concentration de Buchenwald, rencontrait à la clôture extérieure du camp, une fillette de neuf ans qui lui lançait des pommes et du pain par-dessus la clôture. À la fin de la guerre, ils se sont perdus de vue. Il émigra aux États-Unis. Des années plus tard, à New York, il recourut à une agence matrimoniale pour trouver une épouse ; mais devinez qui se présenta au rendez-vous ? L'ange de la clôture en personne, maintenant devenue femme ! Il la reconnut immédiatement, la demanda en mariage ; elle accepta, et c'est ainsi qu'ils ont vécu heureux depuis.

Comment ne pas être touché par cette histoire ? Tout le monde y a cru, car le récit de Rosenblat laissait entendre que cela s'était réellement passé. Toutefois, en vérifiant cet écrit, des chercheurs démontrèrent, d'après des faits remontant à la guerre, que l'histoire de Rosenblat était un pur produit de son imagination. Par exemple les détenus de Buchenwald étaient dans l'impossibilité de s'approcher de la clôture extérieure du camp. C'était donc, une fois de plus, une « fausse histoire de l'Holocauste ».

Mais, voilà qu'un visiteur régulier du site mentionné ci-dessus, un certain Seymour Zak, protesta avec véhémence, disant qu'il n'existe pas de « fausse histoire de l'Holocauste ». Son raisonnement a de quoi effrayer. Voici ce qu'il dit :

*Les antisémites ne cessent d'incriminer les « fausses histoires de l'Holocauste ». Mais ces récits doivent se comprendre dans une perspective plus positive : selon « la vérité de l'imagination » comme dit le célèbre poète John Keats. Supposons qu'un événement soit perçu comme vrai par l'esprit, alors que, à strictement parler, rien ne s'est passé. Si, par la suite, cet événement est considéré comme une vérité vivante par des millions d'autres personnes bien intentionnées qui ont eu connaissance de cette version sublimée de la réalité, alors on ne peut en aucun cas la rejeter comme un « mensonge » (...) Prises dans un sens métaphysique plus élevé, toutes ces histoires sont vraies ; les nier, c'est commettre un sacrilège (...) Nous avons un devoir sacré envers les six millions d'hommes morts sous la tyrannie maléfique du dictateur nazi Adolf Hitler, nous devons conserver le souvenir des morts et rejeter avec mépris tout ce qui tend à nier l'Holocauste sous prétexte de « fausses histoires de l'Holocauste ». Je le répète : **il n'y a pas de fausse histoire de l'Holocauste. Qu'elle se soit passée ou non, toute histoire de l'Holocauste est vraie ; 100 % vraie.** (...) Selon les mots sublimes d'Elie Wiesel : « En littérature, certaines choses sont vraies bien qu'elles n'arrivèrent pas, tandis que d'autres ne sont pas vraies, alors qu'elles arrivèrent de fait ».*

Si l'on suit le raisonnement de Seymour Zak, il est donc superflu de savoir si les six millions en question sont morts ou non « sous la tyrannie... ». Ce qui compte, c'est que les 6 000 000 constituent une « version sublimée de la réalité qui, dans l'esprit de millions de personnes bien intentionnées, s'impose comme une vérité bien vivante, etc. ». Et, de ce fait, déclarer qu'elles ont été exterminées, alors qu'en réalité, elles ne l'ont pas été, n'a rien d'un mensonge, car il s'agit d'une vérité plus haute ! C'est dire que la réalité n'est plus la mesure de la vérité, surtout quand il s'agit de cette vérité supérieure, quasi-religieuse, de ce « devoir sacré » interdisant, sous peine de « sacrilège », de nier l'Holocauste. En d'autres termes, il existe une réalité historique et une réalité non-historique, mais seule la seconde mérite le nom de « réalité » !

BILANS

C'est de la folie furieuse, mais voilà qu'elle imprègne toujours plus la société qui nous entoure. Et nous, êtres humains, qui sommes des animaux sociaux, nous nous trouvons forcément influencés par la société. Catholiques ! — et vous, les non-catholiques ! — si vous voulez garder la tête au-dessus des flots de cette folie qui monte, récitez tous les jours les 15 mystères du Saint-Rosaire. À elle seule Notre Dame est capable de préserver votre santé mentale. Ces « *Commentaires* » n'ont pas d'autre remède à proposer.

Kyrie eleison.

Remarque :

Les Juifs et les Francs-maçons entendent avilir les masses afin de les river à leurs vices, pour les réduire au rang d'esclaves consentants, afin de favoriser la prise du pouvoir planétaire, en forme d'État mondial, d'une petite élite sataniste menée par son orgueil. Même s'il est plus facile de suivre sa pente descendante que la pente montante, il reste des hommes capables, malgré la déchristianisation, les séductions innombrables, la propagande, soucieux de connaître la vérité et d'en tirer, pour les appliquer, les conséquences morales. Il est vital que les méchants parviennent à les faire taire. La « Shoah » remplit cet office : inventer un mal absolu (la mort d'un peuple qui est divin en tant qu'il est à lui-même son propre Messie qui meurt au Golgotha d'Auschwitz dans la chambre à gaz et ressuscite en Israël, ainsi qui est le Verbe, l'immanence de Dieu sur Terre), et faire croire que toute mesure susceptible d'enrayer la décadence (rétablissement de l'ordre moral et respect de la loi naturelle, souveraineté des États, respect des identités nationales et des patrimoines biologiques qui en sont la cause ou condition matérielle de pérennité, défense de la famille, etc.) serait, en tant que dogmatique et répressive, solidaire des projets des auteurs de la Shoah (repoussoir universel). La gnose judéo-maçonnique affirme que la subjectivité est divine, que le divin prend conscience de soi et se personnifie en l'homme qui a vocation à sauver Dieu de son impéritie et de sa vacuité originelles, mais que certains hommes sont plus que d'autres habilités à assumer cette tâche (les Juifs, et/ou les Initiés), de sorte que, étant divine par essence, toute subjectivité aurait tous les droits (le droit à jouir, le droit absolu de penser n'importe quoi, droit à la liberté de conscience prohibant toute pensée dogmatique, de sorte que l'objectivisme philosophique et le catholicisme sont les premiers ennemis de cette gnose), cependant que certaines seulement auraient le droit de penser pour les autres afin de refaire le monde mal conçu (constructivisme, mythe du progrès, paradis sur Terre, Âge d'or, eugénisme, euthanasie, écologisme planétaire tératologiquement couplé au projet transhumaniste, etc.). **Dès lors, pour qui entend œuvrer au rétablissement de l'ordre naturel des choses, il est absolument nécessaire de faire sauter le mythe incapacitant de la Shoah. Par ailleurs, il est vain de tenter de se désolidariser du national-socialisme afin de rendre supportable aux maîtres actuels du monde l'effort de réhabilitation des valeurs traditionnelles, puisque c'est en tant que force historique porteuse de cette réhabilitation que le national-socialisme est pourchassé (von Papen désignait dans le national-socialisme la « réponse à 89 »).** Certes, ce n'est pas à ce titre qu'il l'est officiellement, parce que l'aveu d'un tel but risquerait encore de compromettre l'entreprise de subversion mondialiste, et c'est pourquoi on a forgé ce formidable instrument de répression de la pensée libre qu'est la « Shoah ». Mais c'est bien officieusement ce qui sous-tend l'entreprise de sidération des goïm par les mensonges des Juifs, qui au reste ne peuvent pas, par orgueil vaniteux, se retenir de l'avouer[21].

---

[21] a) Dans un « Grand entretien » (*Le Monde* des 7 et 8 janvier 2007), Saül Friedlander, grand exterminationniste devant l'Éternel, croit prudent de confesser : « Deuxièmement, il faut reconnaître que les circonstances de la Shoah sont obscures. Celle-ci reste un élément non résolu de l'histoire occidentale du XXᵉ siècle ».

b) *Lettre de Baruch Lévi à Karl Marx*, **citée par Julius Evola (*Écrits sur la Franc-maçonnerie*, Pardès, 1987, traduction de François Maistre, p. 48-49) :**

« Le peuple juif, en tant que collectivité, sera son propre messie. Sa domination sur le monde sera réalisée par l'union des autres races humaines, l'élimination des frontières et des monarchies, qui sont les bastions du particularisme, et par la constitution d'une république mondiale, au sein de laquelle les Juifs jouiront partout de leurs droits. Dans cette nouvelle organisation de l'humanité, les fils d'Israël, présentement dispersés dans le monde entier, pourront sans obstacle devenir partout l'élément dirigeant, surtout s'ils parviennent à placer les masses ouvrières sous le ferme contrôle de quelques-uns d'entre eux. Les gouvernements des peuples formant

la république mondiale, avec l'aide du prolétariat, sans que cela réclame des efforts, tomberont tous aux mains des Juifs. La propriété privée pourra alors être soumise aux gouvernants de race juive, qui administreront partout les biens de l'État. Ainsi sera accomplie la promesse du Talmud, selon laquelle les Juifs, lorsque les temps seront venus, posséderont les clés des biens de tous les peuples de la terre (cf. *Revue de Paris*, XXXV, 11, p. 574) ».

Dans le même esprit, Primo Levi, auteur inscrit au programme du baccalauréat français de 2003, qui plus est l'un des principaux « témoins » de la « Shoah », écrit, dans son ouvrage *Lilith* (Poche Biblio, p. 122) : « De tout ce que tu viens de lire <écrit-il en 1981 dans un testament destiné à son fils> tu pourras déduire que le mensonge est un péché pour les autres, et pour nous une vertu. Le mensonge ne fait qu'un avec notre métier ; il convient que nous mentions par la parole, par les yeux, par le sourire, par l'habit (...). Avec le mensonge, patiemment appris et pieusement exercé, si Dieu nous assiste, nous arriverons à dominer ce pays et peut-être le monde : mais cela ne pourra se faire qu'à la condition d'avoir su mentir mieux et plus longtemps que nos adversaires. Je ne le verrai pas, mais toi tu le verras : ce sera un nouvel âge d'or (...), tandis qu'il nous suffira, pour gouverner l'État et administrer la chose publique, de prodiguer les pieux mensonges que nous aurons su, entre-temps, porter à leur perfection. Si nous nous révélons capables de cela, l'empire des arracheurs de dents s'étendra de l'Orient à l'Occident jusqu'aux îles les plus lointaines, et n'aura pas de fin ». Rappelons que la devise du Mossad est : « *By way of deception* ».

c) Le 3 octobre 2002, Ariel Sharon déclara à ses ministres (propos cités par Radio Kol Israël, voir *Rivarol* n° 2571 du 19 avril 2002, p. 1) : « Nous contrôlons l'Amérique, et l'Amérique le sait ».

d) Dans *Le Révisionnisme en histoire* (Albin Michel, évoqué par la revue *Écrits de Paris* n° 692 de novembre 2006), Domenico Losurdo propose quelques pages utiles sur la propagande de guerre des États-Unis, fondée sur la mise en scène de massacres et de tortures imaginaires, dès la guerre de 1898 contre l'Espagne. Les textes et films anglo-saxons de 1916-1917 évoquent des « seins coupés et hommes crucifiés » par les Allemands, les « sept cent mille Serbes éliminés au moyen de gaz désinfectant », les cadavres « transformés en savon ou en aliment pour porcs ».

e) Jacques Attali, dans *L'Express* du 1ᵉʳ juin 2006, p. 60, déclare : « L'immense majorité des Juifs assassinés l'ont été par les armes individuelles des soldats et des gendarmes allemands, entre 1940 et 1942, et non par les usines de mort, mises en place ensuite ».

f) En ce qui concerne le nombre de Juifs morts à Auschwitz, on obtient selon les sources officielles : 9 millions (*Nuit et Brouillard*), 4 millions (procès de Nuremberg, mais aussi stèles d'Auschwitz jusqu'en 1990), 1,5 million (ces mêmes stèles d'Auschwitz depuis 1995), 700 000 (Jean-Claude Pressac), 510 000 selon Fritjof Mayer (voir *Die Zahl der Opfer von Auschwitz*, Osteuropa, mai 2003, p. 631-641).

g) La revue *Actualité juive* (20 janvier 2000) cite David Irving (biographe de Churchill et mémorialiste de la destruction de Dresde) : « Nous savons aujourd'hui que, tout comme les Américains ont construit de fausses chambres à gaz à Dachau dans les jours qui ont suivi la fin de la guerre, les chambres à gaz que les touristes peuvent voir à Auschwitz ont été construites par les autorités polonaises après la Seconde Guerre mondiale ».

h) Henri Rousso, dans *L'Express* du 19-25 janvier 1995, p. 68, déclare à propos de la chambre à gaz d'Auschwitz : « Tout y est faux (...) À la fin des années 70, Robert Faurisson exploita d'autant mieux les falsifications que les responsables du musée rechignaient à les reconnaître ».

i) Elie Wiesel, dans *La Nuit* (ouvrage publié en 1958 et préfacé par Claude Mauriac, voir *Rivarol* n° 2463 du 14 janvier 2001, p. 7) évoque, de son passage dans les « camps de la mort », le souvenir de « flammes gigantesques » montant des fosses où des camions « déversaient des petits enfants, des bébés » ; selon la déportée Germaine Tillion, une telle scène est issue d'une « imagination sadomasochiste », au point que Pierre Vidal-Naquet, exterminationniste patenté, fut contraint de qualifier Wiesel de « menteur ».

j) Arno Mayer, dans *La « Solution finale » dans l'histoire*, ouvrage publié en 1990 avec une préface de Vidal-Naquet, déclare p. 406 :

BILANS

Ce qui précède autorise à déclarer qu'il est parfaitement oiseux d'entreprendre aujourd'hui de lancer un mouvement contre-révolutionnaire si ce dernier commence par se désolidariser du national-socialisme et des fascismes. L'ennemi est plus malin que nous, nos pauvres ruses le font sourire de commisération. Seule, avec l'aide de Dieu et de circonstances providentiellement favorables, une extrême brutalité dans la franchise candide, sans ruse aucune, est capable de déconcerter l'ennemi, voire de l'ébranler. Quand la Providence pourra compter sur seulement dix-mille personnes en France — socialement assez influentes et honorables pour qu'il ne soit pas possible d'imputer leur engagement à l'ignorance, à la naïveté, à la passion obscure ou au désir du scandale — capables de risquer leur peau, leur carrière, leur honorabilité, leurs biens matériels, leur vie sociale, pour affirmer haut et fort, calmement mais de manière argumentée et résolue, que la Shoah est un mensonge, alors seulement peut-être les prétentions de la vraie droite cesseront d'être dérisoires ; la lucidité franche sur la question de la « Shoah » est comme un Schibboleth permettant de démasquer les Ephraïmites de la contre-révolution. Il ne convient pas d'être suicidaire : il serait vain de commencer par là, parce que l'entreprise contre-révolutionnaire serait mort-née ; mais cette démarche de dénonciation publique doit expressément faire partie de ces programmes d'action à réaliser quand les circonstances permettront d'espérer raisonnablement, avec la part de risque que comporte toute supputation pratique, que le temps de l'action est venu, c'est-à-dire quand l'État se décomposera sous la pression des effets de ses propres décisions létales parce qu'antinaturelles, en particulier dans la forme d'une crise économique ravageuse. Quant au national-socialisme lui-même, considéré dans ce

---

« Les sources dont nous disposons pour étudier les chambres à gaz sont à la fois rares et peu sûres ».

j) L'historien Jacques Baynac, dans *Le Nouveau Quotidien de Lausanne* du 3 septembre 1996, affirme : « Il faut reconnaître que le manque de traces entraîne l'incapacité d'établir directement la réalité de l'existence de chambres à gaz homicides ».

k) Dans *Tous les fleuves mènent à la mer* (Seuil, 1994, p. 97), Elie Wiesel enseigne doctement : « Les chambres à gaz, il vaut mieux qu'elles restent fermées au regard indiscret. Et à l'imagination ».

qu'il peut avoir de sommaire, d'inachevé, voire de franchement contestable (mais qui ne doit pas faire oublier ce qu'il a d'éminemment salvateur dans sa prétention révolutionnaire à réactualiser le traditionnel), il n'est qu'une seule façon d'en finir avec lui, c'est de le dépasser, **ce qui suppose qu'il soit assumé — ainsi revendiqué — avec courage et sans complexes, en rappelant que ce qu'il peut y avoir d'excessif en lui est plus lié aux circonstances historiques de sa genèse qu'à son essence**.

7) Mise en évidence de l'essence, des travers et des enjeux du surnaturalisme, en morale, en politique, en pédagogie, en théologie, accompagnée de sa réfutation.

8) Réfutation de la thèse judéomorphe faisant de « France fille aînée de l'Église » un nouveau « peuple élu ».

9) La « droite » (concept non obsolète, nonobstant les coquetteries intellectuelles des esprits conventionnels en mal d'originalité et d'audace à bon compte) souffre non tant de déficit doctrinal que d'excès de doctrines, ce qui — il est vrai — équivaut à un déficit doctrinal ; il convient donc d'étudier de manière dépassionnée tous les courants dits « de droite », afin non d'en faire l'impossible « synthèse », mais dans le but, en termes hégéliens, de les convertir à leur identité concrète.

[L'aristotélisme n'est pas la « synthèse » du mobilisme héraclitéen et du monisme éléatique de Parménide, il est cette unité primitive des deux — en soi et logiquement antérieure à eux quoique chronologiquement postérieure à eux qu'elle sublime en elle —, unité dont ils sont la décomposition. Il se décompose en ce dont il n'est pas un composé mais une « *Aufhebung* », il est le résultat de leur conversion à leur identité concrète (« *concrescere* » : croître ensemble) ; il est le résultat non contradictoire de la sublimation de l'identité contradictoire du mobilisme et de l'éléatisme].

Plus généralement, il doit y avoir développement d'une réflexion critique opérée par la mouvance traditionaliste et/ou réactionnaire sur son propre contenu historique, afin de distinguer l'essentiel (qui est intemporel, par là actuel et même d'avant-garde) de l'accidentel ; il est grand temps de s'émanciper de nostalgies incapacitantes (Algérie française, Maréchal Pétain, Troisième République colonialiste : alliance du sabre jacobin-bourgeois et du goupillon démo-chrétien-oligarchique), d'attachements purement affectifs (on se demande parfois si pour certains clercs ce n'est pas Notre Seigneur Jésus-Christ qui serait le disciple de Mgr Lefebvre), de références religieuses à des croyances non reconnues par l'Église et pour le moins douteuses, etc. Nos aînés ont eu l'immense mérite de prendre conscience de l'existence des entreprises subversives politiques et religieuses, et d'y opposer les armes dont ils disposaient alors, qui furent et demeurent honorables ; ainsi opposa-t-on par exemple, à la « nouvelle théologie », les lumières du thomisme du Père Garrigou-Lagrange. Et ce fut très salutaire, mais le prolongement des crises religieuses et politiques obligea maints réactionnaires à approfondir les raisons du surgissement de telles crises, par là à déplacer parfois et même souvent le pivot de leurs argumentaires, et de ce fait à relativiser l'importance de leurs références de départ, et ce processus ne manqua jamais d'être dénoncé comme acte de « trahison » par les « Anciens », alors qu'il s'agissait d'une maturation. Chercher les fondements derniers de la critique traditionaliste de la modernité révolutionnaire, par là contester ce que cette critique peut avoir d'obsolète, c'est cette démarche même qui fait récupérer par la Tradition la vérité captive de l'esprit de la subversion, à savoir la dynamique révolutionnaire elle-même entendue — selon le langage de Hegel — tel cet « *in sich zurück gehende Kreis* », cette « *anakuklosis* » de Polybe, cette position de l'origine (dont la Tradition fait mémoire) par le détour obligé de sa négation immanente se retournant contre elle-même en se radicalisant. L'esprit révolutionnaire opposé à la Tradition, c'est le négatif dont la Tradition est l'intemporel résultat victorieux, mais temporellement échappé du giron de la Tradition et incapable de faire retour à elle par sublimation de lui-même.

10) Traitement des apories philosophiques résiduelles propres au thomisme, philosophie de l'Église catholique :

a) Problème de la causalité en contexte hylémorphiste : définie, parce que communication d'actualité, tel l'acte du moteur en tant qu'il est immanent au mobile voué, quant à lui, à s'assimiler à son acte moteur reçu, la causalité de la cause est telle que la cause est d'autant plus élevée — ainsi d'autant plus cause — qu'elle est plus simple et plus immobile. À quelles conditions l'immobilité de la cause est-elle compatible avec un acte de communication *ad extra* de la perfection actuelle qu'elle est ? Comment peut-elle être immanente au mû sans cesser de demeurer en elle-même, subsister comme identique à soi dans sa différenciation d'avec soi ? Soit : à quelle condition une cause peut-elle sans contradiction avoir (pour abandonner au mû l'acte à raison duquel elle lui est immanente) ce qu'elle est ? Le traitement de ce problème métaphysique par excellence conditionne — entre autres — celui de l'individuation : comment la forme peut-elle être individuée par la matière tout en étant principe d'individuation du composé (de matière et de forme) ? Les conséquences liées aux types de réponses proposées sont, en morale et en politique, immenses. Elles conditionnent la pertinence de l'idée même de bien commun.

b) Problème des futurs contingents (ou de la prémotion physique). La réponse thomiste est verbale (Dieu meut les causes naturelles sans se substituer à la spontanéité de leurs actions, Dieu meut les causes volontaires sans se substituer à la liberté de leurs actes ; « *Deus est causa actus peccati, non tamen est causa peccati* » *S. Théol.* I^a II^{ae} q. 79 a. 2 : Dieu est cause de l'acte du péché sans être cause du péché) ; « il faut tenir les deux bouts de la chaîne » (Bossuet). Considérons ici les enjeux politiques et religieux (magistériels) :

BILANS

Un exemple de problème métaphysique non résolu, conditionnant la solution d'une aporie politique

Dieu est innocent du mal dans le monde, tout en étant cause première et toute-puissante (problème déjà traité par Platon : *République* II, à propos des malheurs de Niobé, des Pélopides et des Troyens), notre libre arbitre est cause totale de son acte, mais non totalement ; Dieu est cause totale et totalement de nos actes, et pourtant nos péchés ne Lui sont pas imputables. Si ce problème de la compatibilité entre toute-puissance divine et libre arbitre humain ne trouve pas de solution purement rationnelle (naturelle), il faut en appeler à la foi (surnaturelle) pour recevoir au titre de mystère ce qui est naturellement perçu par la raison comme une contradiction. *Mais cela induit alors que le problème de l'autorité politique trouvera sa solution seulement dans l'élément de l'autorité ecclésiale, dans une perspective surnaturaliste, ici théocratique.* En effet, Dieu est le garant de l'ordre du monde, et le chef d'État est le garant de l'ordre social en lequel il convient de discerner un reflet, en forme de microcosme, de l'ordre naturel universel. Si Dieu est, aux yeux de la raison supposée à jamais incapable — à cause de sa débilité — de surmonter l'aporie, responsable du mal dans le monde, aussi bien moral que physique, alors aucune raison vraiment rationnelle ne subsiste pour légitimer l'ordre social. Il faudra en appeler à la foi pour accepter l'autorité politique. Or l'ordre de la foi, c'est celui de l'Église, et l'ordre de l'Église, c'est celui de l'autorité du pape. Seul le vicaire du Christ, chef du Corps mystique du Christ, sera détenteur du moyen de faire accepter l'autorité de l'homme sur l'homme, laquelle procède de Dieu. Et seule la foi rendra possible cette vie sociale reflétant l'ordre d'un monde perçu par la simple raison comme injuste, c'est-à-dire désordonné, par là privé d'unité. *Si seule la foi en vient à constituer le lien social, on en viendra nécessairement à adopter une certaine indifférence à l'égard du régime politique en tant que tel, on s'accoutumera à surdéterminer l'ordre moral (les mœurs surnaturellement pénétrées de piété chrétienne) au détriment de la logique du politique* : soyons des saints et toute vie sociale sera supportable, quel que soit le régime, au point que même le principe démocratique deviendra, selon de telles prémisses, recevable. Et c'est bien au fond ce qu'enseignait Léon XIII dans *Inter Sollicitudines* ; c'est aussi ce que développera Pie XI dans *Divini illius Magistri*. Et l'on sait les méfaits de la démocratie chrétienne, non seulement pour la cause politique mais encore pour la cause religieuse ; en avalisant, de manière catastrophique, la démocratie dans la cité, l'Église a ratifié malgré elle le principe démocratique dans l'Église, et la conséquence en est Vatican II. Voilà bien un exemple illustrant le fait suivant : par paresse, ou par une fausse conception tant de l'obéissance et de l'humilité que du surnaturel, par aversion pathologique à l'égard de ce en quoi l'on crut discerner des relents de naturalisme rationaliste, par fidélité à la lettre du thomisme au détriment de l'audace intellectuelle à laquelle le véritable esprit du thomisme a toujours convié les croyants, on a rendu possible, par humiliation évitable des réquisits de la raison, le surgissement de la subversion dans l'Église.

c) Problème de la persistance du libre arbitre dans la Vision béatifique.

d) Problème du statut du bien commun politique : il est cause finale de la personne humaine sans que cesse l'exigence de subordination du politique tout entier au salut individuel de la personne. Parce qu'elle ne sait pas résoudre cette difficulté, la pensée contre-révolutionnaire embrasse les positions suivantes :

« "Famille d'abord". Cette formule est l'expression d'un principe absolu. C'est une loi de nature qui a placé la famille au premier rang et l'État au second. L'État est utile seulement au bien-être de l'humanité ; la famille est nécessaire à son existence » (Père Charmot, *Esquisse d'une pédagogie familiale*).

« Ce gouvernement que l'on hait <la "blumerie"> est pourtant le représentant de l'autorité consacré par Dieu » (Cardinal Verdier, Journal *L'Aube* d'avril 1937, organe de l'Action catholique).

« *Civitas homini, non homo civitati existit* » (Pie XI, *Divini Redemptoris*, 1937).

« Prenons pour point de départ une vérité notoire souscrite par tout homme de bon sens et proclamée par l'histoire de tous les peuples, à savoir que la religion, <u>et la religion seule</u> <nous soulignons>, peut créer le lien social, et que <u>seule</u> <nous soulignons> elle suffit à maintenir sur de solides fondements la paix d'une nation » (Léon XIII, *Inter Sollicitudines*, 1892). Les catholiques français devraient « se soumettre au gouvernement <jacobin et maçonnique> de leur pays », la société se formerait par pure *décision* des familles et plus généralement des personnes, comme si le caractère politique de l'homme n'était pas inscrit au plus profond de sa nature.

De telles déclarations et décisions ruineuses ne pouvaient engendrer autre chose que ce que l'Histoire fit se réaliser en fait : désarmement des opposants laïques aux méfaits de la Gueuse anticatholique et maçonnique, réduction des catholiques au statut de sous-curés encadrés par les clercs ivres de volonté de puissance ecclésiastique, déchristianisation de la France, diffusion d'une mentalité démocratique induisant le refus de tout soutien aux puissances de l'Axe, par là soutien objectif — voire subjectif — apporté aux manœuvres judaïques des gangsters américains et des sauvages slavo-communistes, démocratisation de l'Église et apostasie des hommes d'Église avec Vatican II.

Là contre :

« *Multitudo praeter multis non est, nisi in ratione ; multitudo tamen in multis est in rerum natura* » (saint Thomas, *De Pot.* III 16, a. 16)[22].

« Toute cité est un fait de nature, s'il est vrai que les premières communautés le sont elles-mêmes. Car la cité est la fin de celles-ci, et la nature d'une chose est sa fin » (Aristote, *Pol.* II 2).

« *Totus homo ordinatur ut ad finem ad totam communitatem cujus est pars* » (saint Thomas, *S. Théol.* II^a II^{ae} q. 65 a. 1)[23].

« *Bonum commune est melius et divinius quam bonum unius* » (Aristote, *ibid.* I, lect. 1)[24].

« *Imperfectum ordinatur ad perfectum. Omnis autem pars ordinatur ad totum sicut imperfectum ad perfectum. Et ideo omnis pars est naturaliter propter totum. (...) Quaelibet autem persona singularis comparatur ad totam communitatem sicut pars ad totum* » (saint Thomas, *ibid.* II^a II^{ae} q. 64 a. 2)[25].

e) Problème de l'autonomie de la philosophie par rapport à la théologie (la philosophie n'est-elle vraiment qu'une « *ancilla theologiae* » ?). Si la grâce est bien à la fois « *sanans* » et « *elevans* », elle soigne la nature blessée (et non radicalement

---

[22] La multitude, considérée en dehors des individus qu'elle rassemble, n'est qu'un être de raison ; considérée comme étant en eux [à savoir tant comme multitude concrète intégrant les individus, que comme totalité idéelle inhérente à chacun d'eux telle sa tendance à faire partie d'un tout], elle est dans la nature des choses, ainsi est une vraie réalité.

[23] L'homme tout entier est ordonné comme à sa fin à toute la communauté dont il est la partie.

[24] Le bien commun est meilleur et plus divin que le bien d'un seul.

[25] L'imparfait est ordonné au parfait. Mais toute partie est ordonnée au tout comme l'imparfait l'est au parfait. C'est pourquoi toute partie est naturellement pour le tout (...) Or toute personne singulière entretient à l'égard de toute la communauté le rapport de la partie au tout.

corrompue), elle la restitue à elle-même, elle la fait redevenir maîtresse de ses pouvoirs, elle l'invite donc à l'autonomie dans l'acte où elle se la subordonne, elle somme de ce fait la nature de se contre-diviser (ce qui n'est nullement opposition hostile) à l'ordre de la surnature par là qu'elle la restaure, et la restaure dans son ordre propre pour la mieux surélever, en convoquant son initiative, en vue d'une finalité qui excède ses pouvoirs naturels. *Dans cette perspective, la véritable contre-révolution, à toute distance des prétentions de la théologie à se subordonner intrinsèquement la philosophie, est en demeure de développer une authentique philosophie réaliste (d'inspiration thomiste), réellement distincte de la théologie révélée, autonome et souveraine dans son ordre propre (celui de la raison), assujettie à la norme seulement extrinsèque de la « stella rectrix » de la théologie révélée.* Et une telle philosophie n'existe pas : saint Thomas se voulut théologien se subordonnant les outils conceptuels de la philosophie aristotélicienne (un aristotélisme néo-platonisant), et non philosophe. De même que les théoriciens de la monarchie légitimiste, incapables d'accoucher du concept de nation dans l'élément de l'esprit monarchique, ont laissé les révolutionnaires s'en emparer pour le dévoyer (le « nationalitarisme », ou droit des peuples à disposer d'eux-mêmes, contre l'authentique nationalisme entendu tel le devoir des peuples de demeurer eux-mêmes), de même l'esprit du « traditionalisme », incapable de tirer toutes les conséquences du réalisme thomiste (lequel était révolutionnaire par rapport à l'augustinisme, en particulier l'augustinisme politique) et d'en appliquer les leçons au thomisme lui-même, a laissé les tenants de la « laïcité » rationaliste s'emparer du concept de simple raison, pour le retourner contre les légitimes exigences de la foi.

B) Sur le plan de l'action politique

Subjectivisme et consumérisme

Il convient de renoncer à l'action directe (qui serait, en l'état actuel des choses, un suicide). Il convient aussi de renoncer aux techniques de l'infiltration dans les partis de la subversion, parce que l'infiltré est ou bien inefficace ou bien retourné, par la force des choses (succession de concessions pour se maintenir en place), au profit du milieu qu'il est supposé subvertir. Quant au jeu démocratique, l'adage soixante-huitard « élections, piège à cons » demeure d'actualité, parce que les dés sont pipés : aucune démocratie moderne ne peut se maintenir sans se convertir en oligarchie mensongère maîtresse de tous les postes de vrai pouvoir ; les mouvements d'opposition respectueux du jeu démocratique confortent objectivement le système en donnant l'illusion de la liberté et du pluralisme ; au reste, le peuple français, et plus généralement les peuples européens de ce début de XXIe siècle, ont les régimes qu'ils méritent ; ils sont tellement gangrenés par l'esprit du temps qu'ils en sont devenus objectivement et subjectivement complices des régimes corrupteurs qui leur mentent ; ils savent fort bien identifier les maux dont ils souffrent : criminalité, fiscalité dévorante, immigration massive en forme de véritable invasion, déracinement culturel, règne de l'argent-roi, précarité de l'emploi, destruction des traditions et de la famille, pollution, surveillances inquisitoriales permanentes et insidieuses, conjugaison des tares du socialisme — appauvrir les riches pour enrichir les pauvres, ce qui revient à appauvrir tout le monde, fors les très riches ; exacerber l'instinct égalitaire de la plèbe — et de celles du libéralisme — exploiter sans vergogne les compétences et le labeur des travailleurs pour viser des gains à court terme, etc. Mais ils sentent d'instinct que faire le procès des maux dont ils souffrent serait faire le procès de leur propre subjectivisme auquel ils tiennent par-dessus toute chose, de sorte que, si redressement il y a un jour, ce sera sans l'aide du peuple, voire contre lui ; le peuple sait qu'on lui ment, que la démocratie est une ploutocratie, qu'on l'avilit et qu'on veut lui substituer un autre peuple formé d'immigrés de tous les horizons, ayant perdu jusqu'à l'idée de racines biologiques et culturelles ; mais il consent aux mensonges, il veut y croire afin de pouvoir se livrer au consumérisme que lui proposent ses corrupteurs en échange de sa servitude. Non que la consommation inflationniste soit en elle-même la raison suffisante de cette démission mortifère, mais en tant que le subjectivisme parvient à ses fins à travers elle : un subjectiviste, par définition, se prend pour fin, il ne peut aimer que des biens qu'il rapporte à soi, en tant qu'ils sont tels qu'il les peut rapporter à lui-même, car c'est lui-même qu'il exalte en les consommant ; or seuls les biens matériels, en tant que divisibles et imparticipables, sont tels qu'on les peut rapporter à soi ; donc le subjectiviste tend de lui-même à se complaire en eux sans fin, parce qu'il saisit dans leur infinité potentielle l'image de l'infini actuel qu'il prétend se conférer. Il ne faut pas dire qu'il devient subjectiviste parce qu'il cède aux biens matériels, faute de volonté ; il faut dire qu'il cède aux biens matériels parce qu'il est subjectiviste ; il ne se contente pas de tenir pour acquis que tous ses désirs sont légitimes, étant émanés de son moi absolutisé ; l'absolutisation de son moi se nourrit de l'acte de rapporter à soi tout ce qu'il appète, ce qui le contraint à n'aimer que ce que l'on rapporte à soi, à savoir les biens sensibles ; c'est la déviation — première selon la causalité — de la volonté, qui conditionne la déviation de la sensibilité, et c'est ensuite seulement que s'instaure entre volonté et sensibilité une relation en forme de causalité réciproque faisant se nourrir l'un par l'autre les travers de chacune des deux. C'est pourquoi un peuple contaminé par l'esprit jacobin ne se contente pas d'avoir de mauvaises habitudes qu'un dressage collectif permettrait de faire disparaître ; il est malade parce qu'il veut l'être, et c'est en quoi le peuple est encore plus gangrené que ne le croient habituellement les observateurs déjà pessimistes. Le sevrage des glandes consommatoires, en période de crise économique, n'est que la condition nécessaire et non suffisante d'une conversion du peuple — halluciné qu'il est par des décennies de propagande démocratique et d'audiovisuel pornographique — aux vrais biens, puisque l'hédonisme matérialiste, caution du mythe du « progrès », n'est pas la raison première du subjectivisme. Le peuple a compris depuis longtemps que le subjectivisme politiquement institutionnalisé depuis 1789 avait pour terme logique le collapsus de toutes les énergies spirituelles et la mort de l'Occident noyé dans un égoïsme jouisseur corrélatif d'une crise démographique létale ; il le sait sans accepter de savoir qu'il le sait, mais il y a au fond consenti depuis toujours, et il est capable de s'insurger avec la dernière énergie contre ceux qui voudraient le réveiller de sa torpeur et le sauver malgré lui. C'est pourquoi la France n'est plus à sauver ou à reconstruire, elle est à réinventer ; elle n'existe plus tel un vivant en acte qui serait très malade, elle subsiste tel un vivant en puissance en attente de sa résurrection ; ce qui au passage exigera de l'État nouveau qu'il adopte pour un temps une forme de gouvernement proprement totalitaire, excédant le champ de ses prérogatives naturelles, brutal, sans pitié, délivré de tout esprit de concession.

Contre-révolution et fascisme

Il est de bon ton, dans les milieux contre-révolutionnaires, de fustiger sans réserve le national-socialisme : « c'est un socialisme, il est antichrétien, il relève du matérialisme biologique, il est opposé à la famille, il est eugéniste, il est "estatolâtre", par là païen mais aussi subjectiviste et rousseauiste, il est criminel et totalitaire, il fut financé par les Juifs et plus généralement les mondialistes », etc. Qu'il y ait une part de vérité dans ces critiques peu mesurées est peut-être recevable. Il reste qu'il fut le grand ennemi du communisme ; c'était même sa première raison d'être, la raison la plus décisive de sa genèse, comme l'a montré l'historien contemporain Ernst Nolte, plus sérieux que le « nazisme de sex-shop » (selon l'expression suggestive de Robert Faurisson) en lequel se complaisent les antinazis de droite et de gauche et/ou les psychopathes complotistes ; le national-socialisme fut le grand ennemi du capital apatride, le grand ennemi des francs-maçons (même la Thulegesellschaft fut interdite dès l'arrivée de Hitler au pouvoir), l'ennemi lucide des Juifs et des démocrates libéraux et jacobins ; ce sont là des raisons de ne pas le repousser *a priori* d'un revers de main dédaigneux, quand bien même il soulèverait d'indignation la poitrine étique des aristocraties rances et les positions sociales privilégiées des bourgeoisies capitalistes toujours disposées au compromis. Par ailleurs, il fut une réaction, certes maladroite, contre ce surnaturalisme d'inspiration augustinienne sur lequel étaient fondées les Monarchies d'Ancien Régime ayant exténué la dimension d'organicité nécessaire à la poursuite du bien commun, ayant par là préparé, par réaction, leur propre liquidation par les puissances oligarchiques et maçonniques bourgeoises. En troisième lieu, le national-socialisme fut l'expression passionnelle d'un instinct de survie fondé sur l'intuition de ce que, au terme de la guerre de 14-18, les peuples d'Europe seraient voués à l'esclavage, pris dans la mâchoire américano-soviétique, s'ils ne réagissaient pas de manière urgentissime et extrêmement brutale. L'Allemagne hitlérienne fut la seule nation à avoir compris cela, avant tout le monde, et dans l'intérêt bien compris de toute l'Europe ; sur ce point l'histoire lui a donné raison.

Saint-Empire et nationalismes

En quatrième lieu, la NSDAP tenta de reconstituer l'embryon du Saint-Empire romain germanique balayé par les prétentions judéomorphes de la France des Valois et des Bourbons (« France nouveau peuple élu ») ; or ce Saint-Empire, en dépit de son impuissance féodale à faire sa place à la nécessaire genèse des nations et des États modernes, relève d'une catégorie du politique non contingente : partout où il y a de la diversité, il faut un principe d'unité ; le bien commun est d'autant meilleur qu'il est plus commun. Dès lors, une multiplicité de nations jouissant d'un même héritage (biologiquement indo-européen, culturellement indo-européen et particulièrement gréco-latin, religieusement catholique) tend vers un bien commun *politique* (il s'agit de l'organisation temporelle des hommes) supra-national, et requiert à ce titre une autorité qui soit la personnification de cette tendance au bien commun impérial immanente à tout peuple. C'est cette tendance en soi saine qui est convoquée par la propagande européiste actuelle, celle de Bruxelles qui, comme on sait, dénature complètement, ainsi détourne de sa vraie fin, en tant que mondialiste et maçonnique, l'idée même de bien commun de la Chrétienté. On ne saurait se dispenser de convoquer un tel principe d'unité : sans lui, les nations demeurent hostiles les unes aux autres, l'équilibre des puissances se réduit à un *statu quo* précaire entre Léviathans hostiles ; et s'il faut convoquer l'autorité du pape seul pour tendre vers un tel bien commun politique supra-national, c'est que l'ordre politique en général requiert un principe surnaturel d'unité, non par accident mais par essence, et c'est la question de la gratuité du surnaturel qui est compromise. En cinquième lieu, les peuples européens, gâtés par deux siècles de libéralisme et de déchristianisation, affaiblis par une guerre mondiale suicidaire (1914-1918), ne pouvaient recouvrer la conscience de leur véritable identité et de leur authentique destin que par le moyen d'un « remède de cheval ». Par analogie, dans la querelle de Valladolid (1550), c'est Sepulveda qui avait raison contre Las Casas : on n'impose pas l'enseignement du prêtre par le glaive à des hommes libres, certes ; mais la méthode pacifique d'évangélisation des Apôtres (qui eux bénéficiaient de la Pax Romana) ne saurait être appliquée aux Barbares et aux sauvages ; le soldat doit accompagner le prêtre ; on ne saurait enseigner le divin à qui ne comprend pas l'humain et l'on doit commencer — par la contrainte au besoin — par être doté d'humanité pour recevoir la surnature (d'où la justification de l'« *encomienda* »). On ne convertit les Barbares habitués aux pratiques inhumaines qu'en commençant par les conquérir par les armes afin de les libérer de telles pratiques. Et cet apostolat n'est pas possible, envisagé de manière réaliste, sans colonisation, sans ingérence du politique dans la vie familiale, dans les mœurs traditionnelles et dans les structures économiques des peuples à éduquer. Dans le même ordre d'idée, le politique n'a pas à se substituer aux hiérarchies familiales quand on a encore affaire à des familles conscientes d'elles-mêmes et enracinées, mais il en va autrement, au moins pour un temps, quand on se trouve en face d'atomes abrutis par l'individualisme hédoniste et le subjectivisme. Enfin, on peut se demander si l'hostilité de maints nationaux-socialistes à l'égard du catholicisme ne reposait pas sur un malentendu dont les autorités romaines sont à maints égards responsables : le Vatican, dans le contexte du Ralliement prolongé par tous les successeurs de Léon XIII, favorisait une politique démocratisante et américanophile dans tous les pays de Chrétienté.

Hitler et la France, Saint-Empire contre nouveau « peuple élu »

Coupable dans son impuissance à subordonner le recouvrement de l'ordre naturel des choses à la fin surnaturelle de ce dernier, la NSDAP fut néanmoins le seul organisme politique, depuis 1789, à avoir été capable de se donner les moyens de restaurer cet ordre, et d'enrayer efficacement le progrès du mondialisme. Hors de ces considérations de bon sens, toute critique « catholique » de l'hitlérisme n'est que vain bavardage et « cache-misère » d'une lubie surnaturaliste soutenue par un nationalisme français honteusement subjectiviste ; le grand historien allemand contemporain Ernst Nolte a montré, contre tout dénigrement issu de l'extrême droite française, qu'Hitler, en critique implacable de l'*Aufklärung* et de la Révolution française, se définissait lui-même volontiers comme « révolutionnaire anti-révolution », et qu'il fut un homme de droite conspué par la droite réactionnaire envieuse parce qu'il était plus efficace qu'elle en tant que débarrassé de ses scléroses. Que les vertus *naturelles* de l'esprit français, en lequel se réfractent tous les aspects du génie européen, le désignent tel le vecteur *culturel* privilégié d'explicitation et de diffusion du catholicisme, par là confèrent à la France, par son sens de l'universel, un rôle culturellement directeur en Europe et dans le monde, n'implique pas que la France aurait vocation à exercer une hégémonie *politique* sur l'Europe, et encore moins qu'elle serait *surnaturellement* élue par la Providence pour succéder à l'élection obsolète des Juifs. Il n'y a plus, il n'y aura jamais plus, si le catholicisme est la vérité, de race ou de peuple élu, fors la « race » des baptisés. Toutes les prétentions françaises d'hégémonie politique sur l'Europe se soldèrent par la genèse du gallicanisme, du jansénisme, par des appuis honteux à la religion mahométane et aux protestants, au point de devoir être tenues pour la cause la plus déterminante de la diffusion et de la victoire du luthérianisme en Allemagne. Le véritable patriotisme ne consiste pas à vouloir pour sa nation la première place dans le concert des nations, mais à vouloir la place qui lui revient en vue du bien commun universel.

Que, dans un premier temps, la France se consacre — dans le choix d'un isolement politique nécessaire — à panser ses plaies, à réveiller en elle la conscience de son identité traditionnelle et de sa vocation spirituelle ; qu'elle se rende indépendante de cette funeste Europe maçonnique de Bruxelles et de l'Allemagne libérale (abrutie par le poison du « *schlechtes Gewissen* ») qui en est solidaire ; qu'elle se replie sur soi dans le souci chronologiquement premier de reconstituer son tissu social — une vraie paysannerie, une véritable élite spirituelle, une authentique armée, une classe moyenne laborieuse prospère et enracinée —, ne doit pas se solder par un repli définitif dans l'égoïsme national inspiré par un nationalisme individualiste qui, à ce titre, renouerait de manière subreptice avec le subjectivisme, et réenclencherait le processus qui mena à la décadence. C'est en visant à moyen terme le service du bien commun de l'héritage européen que la France est en demeure de ressusciter. Or ce service passe par celui d'une reviviscence de l'Empire romain germanique, garant de l'unité de la Chrétienté.

BILANS

France « peuple élu » ?

Si la France se veut « peuple élu » au sens judaïque de l'élection divine, nouveau peuple élu succédant aux Juifs, alors, le peuple juif ayant été la préfiguration de l'Église elle-même, la France se voudra nécessairement, même si elle se refuse à en convenir, le peuple de Dieu, ce qui revient à dire en son fond qu'elle aspirera sans se l'avouer à être l'Église, à la manière dont les Juifs, décidant d'être pour eux-mêmes leur propre messie, tendent objectivement et bientôt subjectivement à prétendre être Dieu, comme immanence et conscience de soi de Dieu dans l'Histoire ; à la limite (une limite qui fut et qui demeure atteinte par les esprits surnaturalistes chimériques entichés de légendes, de révélations privées, c'est-à-dire par presque tous les contre-révolutionnaires d'hier et d'aujourd'hui), il faudrait être français pour être catholique, à tout le moins être inséré dans la zone d'influence de la France, être au moins français d'adoption pour être catholique à part entière, et c'est là un postulat subjectiviste et judéomophe partagé tant par les fanatiques maurrassiens que par les légitimistes ; jamais ces derniers n'en conviendront, mais c'est pourtant la logique à laquelle est soumise leur subjectivité sentimentale, quelque effort qu'elle fasse pour se soustraire à cette logique. Pour tous ces gens, Dieu est français. Or revendiquer pour l'ordre politique (naturel) une légitimation surnaturelle, tendre à faire coïncider l'identité française et l'identité catholique, c'est exercer une prétention faisant de celle-là, en tant que royaume temporel, la *rivale* obligée de l'Église militante (sous le couvert d'être son bras séculier privilégié), tout comme la prétention du sacre à se vouloir huitième sacrement faisait du roi (« l'oint du Seigneur », qui plus est par la « Sainte Ampoule »…) le rival du pape jusque dans le domaine théologique ; on voit là que, comme rivale de l'Église, la France ne pouvait pas ne pas tendre à se laïciser : si la vision catholique du monde en vient à se diviser contre elle-même en se reconnaissant deux principes antagoniques de légitimité, elle ne saurait subsister ; en tant que dogmatique, elle est telle qu'un déficit de confiance en elle ne peut se contenter de susciter un doute ou une indifférence ; un affaiblissement de la foi ne peut que se convertir en foi contraire, passer brutalement du culte de Dieu au culte de l'homme, sans transition. *Le messianisme révolutionnaire jacobin, matrice du mondialisme, est l'effet d'une laïcisation de la doctrine de Guibert de Nogent. Mais cette doctrine portait dans ses flancs, en sa prétention inavouable et inavouée à confisquer pour elle seule la solidarité infrangible entre pouvoir politique et catholicité, les causes de sa laïcisation.* Le surnaturalisme politique (légitimation de l'autorité politique par la religion seule) est la cause *première* de la catastrophe de 89 ; les entreprises subversives de type naturaliste, protestant ou judaïque, n'en sont que des causes instrumentales circonstancielles et/ou amplificatrices. L'enfer est pavé de bonnes intentions.

L'État nouveau capable de ressusciter la France aura le monde entier contre lui, parce que l'interdépendance entre États induite par l'homogénéisation des économies, des systèmes juridiques et des mœurs, des novations techniques et des prétentions mondialistes des élites obscures (financières, concentrant comme jamais dans l'histoire mondiale toutes les richesses de la Terre) qui nous gouvernent, a atteint un degré tel qu'une insurrection régionale même mineure contre l'ensemble risque de compromettre l'ensemble lui-même. Si l'État nouveau n'est pas rayé de la carte par le feu nucléaire, il doit savoir qu'il sera en demeure de régresser économiquement dans des proportions considérables, et de tendre vers l'autarcie, en attendant, afin de recouvrer la place éminente qui lui revient dans le concert des nations, que le système mondialiste s'écroule sous le poids de sa propre démesure. Et cette régression économique, prix à payer pour un progrès spirituel et pour le recouvrement d'une souveraineté politique, ne suscitera pas l'enthousiasme du peuple ivre d'hédonisme depuis des décennies.

BILANS

Quelques suggestions pratiques

Ce qui peut être envisagé dès aujourd'hui :

1) Élaboration d'une véritable doctrine politico-religieuse rationnellement invincible, ainsi philosophiquement et théologiquement inattaquable, capable de justifier toutes ses conclusions, étayée par des travaux de juristes, d'historiens, de scientifiques, de militaires, de géographes et d'ingénieurs extrêmement compétents aussi dévoués que discrets, disciplinés et dégagés de tout esprit individualiste, convaincus et réalistes. Une telle doctrine a vocation à être développée selon les principes méthodologiques ici esquissés, qui la distinguent de toute autre et lui enjoignent de rallier à sa cause toutes les autres en s'imposant par le seul poids de sa puissance intellectuelle intrinsèque ; il s'agira en particulier d'élaborer un dictionnaire monumental des erreurs historiques, scientifiques, religieuses et philosophiques de notre temps, permettant à ses utilisateurs de répondre à toutes les objections possibles pouvant être opposées à notre camp ; des travaux de qualité existent déjà dans ce domaine, mais ils sont partiels et dispersés, souffrant de ne pas être intégrés dans une vision positive unifiée de la vie et de l'action. Les convertis sincères auront plus de poids et d'efficacité que les anciens soldats du « *bonum certamen* » issus de formations déjà existantes, gravides d'esprit de parti, de passions recuites et de prétentions démesurées.

2) Diffusion d'une telle doctrine s'enrichissant au gré des controverses, destinée à toucher qui le voudra, sans exclusive, mais en priorité adressée à ceux qui sont susceptibles de constituer une élite, et d'être influents en situation de crise.

3) Constitution de réseaux discrets (certains étant dormants) entre familles physiquement dispersées mais extrêmement solidaires, élaborés sur le modèle — *mutatis mutandis*, c'est-à-dire évidemment au service d'idéaux qui leur sont opposés — des sociétés de pensée, mais respectueux dans

toutes leurs pratiques et tous leurs comportements des exigences de la morale catholique, en particulier en excluant radicalement toute forme de recours machiavélien au mensonge. Il faudrait disposer du pouvoir pour influencer les masses en accédant aux grands moyens médiatiques de diffusion, or il est question d'accéder au pouvoir ; il faudrait être porté par le peuple pour entreprendre une révolution déclarée contre l'autorité de l'État en place, or il s'agira de lutter contre le peuple. Il ne reste d'autre projet que celui de profiter d'un collapsus exceptionnel de l'autorité politique, d'une période d'anarchie où aucune force constituée ne pourra se prévaloir d'être désignée par l'Histoire pour prendre le pouvoir, et de faire jouer, de manière décisive et rapide, brutale et risquée, des initiatives programmées le plus discrètement possible avant la chute des institutions, ce qui suppose des prises de contact extrêmement discrètes, mûrement choisies et savamment harmonisées entre elles, avec des personnalités influentes (dont des membres des services de police et des militaires de haut rang, mais aussi des spécialistes des nouvelles technologies) mais n'appartenant pas au devant de la scène politico-médiatique, patientes, réalistes, désintéressées, disciplinées, calmement convaincues, conjuguant audace, dévouement, discrétion et courage. Il s'agira alors de sauver le peuple contre lui-même quand, dégrisé et affaibli, il aura faim et ne sera plus protégé. Il est ainsi exclu qu'une contre-révolution révolutionnaire digne de ce nom cède à la tentation, par stratégie suscitée par un désir d'efficacité à courte vue, de se faire passer pour ce qu'elle n'est pas, en se donnant des apparences anodines, ou en adoptant le langage de ses adversaires, ou encore en feignant d'embrasser la cause et les revendications d'un ennemi pour le faire jouer contre d'autres, en usant de cynisme et/ou de démagogie. Ces méthodes ne font qu'embrouiller les esprits, affaiblir la confiance, exacerber les passions destructrices, par là elles affaiblissent le camp de ceux qu'elles entendent servir.

4) Tenter parallèlement l'expérience de rassemblements physiques familiaux à mode de fonctionnement à demi-

autarcique, en vue de préparer les actions directes à entreprendre quand l'État dit de droit se délitera, ce qui ne saurait manquer de se produire dans un avenir non éloigné, parce que ce qui est contre nature n'est pas longtemps viable, et que les offenses faites à l'ordre naturel atteignent depuis peu des sommets d'iniquité et de scandale. On a longtemps cru, depuis le Ralliement de 1892, et l'on croit encore, que l'action efficace peut être intellectuelle et morale en s'accommodant de n'importe quelle superstructure politique ; que la conversion de la société civile à la vérité et à la vertu chrétienne suffirait pour accéder au pouvoir un jour ; on fait aujourd'hui l'expérience de la vacuité d'un tel souhait, mais la théorie permettait en fait de le savoir *a priori*. Le mot d'ordre doit être « Politique d'abord », non au sens où Maurras l'entendait (il ne s'agissait pour lui que d'une priorité chronologique et non selon la causalité) : sans la maîtrise du pouvoir politique, les entreprises de moralisation du peuple sont vaines, parce que, le bien en général étant d'autant meilleur qu'il est plus commun, le bien commun (objet du politique) est **fin** du bien particulier vertueux (objet de la morale) ; or tout ce qui a raison de fin est premier selon la causalité ; c'est au service du bien commun que la morale puise l'efficience l'habilitant à faire accéder au bien particulier ceux qu'elle perfectionne. Parce qu'il est dans la nature de la politique d'être science architectonique, c'est par la restauration du politique qu'il convient d'envisager une restauration de la moralité.

EN GUISE DE CONCLUSIONS

Les limites, et les méfaits de la conception contre-révolutionnaire de la pédagogie

Dans le Landerneau traditionaliste et/ou contre-révolutionnaire, on est plein de bonne volonté, on veut tout faire au mieux, on a le sentiment que la contre-révolution est un bloc, tout comme la Révolution — selon le mot de Clémenceau — en fut un. On est ainsi enclin à couvrir toutes les activités humaines de la « sauce » contre-révolutionnaire, pensant par là « tout restaurer dans le Christ ». C'est ainsi que non seulement on suit les préceptes religieux des prêtres, mais qu'on se veut monarchiste légitimiste (innocent de toute compromission orléaniste) à tendance théocratique (le sacre serait le constitutif formel de la légitimité politique), opposé au nationalisme de Maurras (la nation serait révolutionnaire dans son concept), adepte des médecines « naturelles » (sainte Hildegarde), des tenues « morales » (c'est affaire de stricte longueur de jupe), ostensiblement (cachez ce sein...) rigoriste en matière de littérature et d'œuvres d'art : seul ce qui est catholique y a droit de cité, quand bien même le talent ferait défaut, mais il est vrai, dans cette optique non dépourvue d'une certaine pathologie de la pureté cousine de l'élitisme cathare (le sens du tragique et le sens du ridicule en moins), qu'on ne saurait avoir du talent si l'on n'est pas catholique, et catholique de ce catholicisme ayant « confessionnalisé » tous les aspects de la vie, des lectures édifiantes aux écoles dites fréquentables, en passant par les engagements politiques, les mœurs culinaires et vestimentaires, les habitudes hygiéniques « prudentes » (se laver peut donner de « mauvaises pensées ») et la technophobie polymorphe. Daniel Rops, Paul Claudel et Henri Pourrat devront donc l'emporter, selon cette logique, sur Corneille, Racine et Shakespeare. On ne veut pas comprendre qu'on ne fait pas de bonne littérature avec de bons sentiments ; que la bonne littérature, c'est-à-dire la littérature talentueuse, celle qui jette des éclairs fulgurants sur les replis de l'âme humaine, rend service au catholicisme lui-même quand bien même elle n'est pas catholique et n'est pas à mettre immédiatement entre toutes les mains, et *rend service à la religion en tant même qu'elle est talentueuse*, dût-elle avoir ponctuellement mis son talent au service de causes non catholiques : elle contribue à éclairer l'ordre naturel, et par là même elle dispose, intelligemment commentée, à recevoir fructueusement les dons surnaturels.

La critique ici développée des travers de la contre-révolution n'entend pas pour autant se gausser, selon une inclination naturaliste ou libérale injustifiable, des nécessaires mesures de prudence (en matière vestimentaire par exemple) que l'Église a toujours fortement conseillées. Ce qu'il faut comprendre, c'est que toutes les invectives inspirées par le tertullianisme (*De la toilette des femmes*) seront non seulement vaines mais néfastes aussi longtemps qu'elles seront inspirées par une haine de la vie, à tout le moins par une méfiance surnaturaliste à l'égard de cette vitalité qui, certes, peut faire pécher. Rudolf Allers faisait observer avec profondeur et réalisme qu'il existe en l'homme des désirs ayant vocation à être crucifiés, en tant qu'ils constituent la matière sacrificielle de l'amour vrai, et que ce crucifiement — contre les aberrations du « *latrinarius nebulo* » inventeur de la psychanalyse — n'est nullement cause de névroses, mais principe de progrès spirituel. Autre chose est de prévenir les tendances perverses, ou la possibilité de les exercer dans une direction dépravée, autre chose est de tuer toutes tendances (auquel cas il ne reste plus rien à crucifier) afin de conjurer la possibilité de leur dépravation. On peut être femme vertueuse sans ressembler nécessairement à un laideron. Si la haine du mal n'est pas précédée par l'amour du bien — et du bien naturel autant que du bien surnaturel —, aucune mesure répressive contre le péché ne sera de quelque efficacité

EN GUISE DE CONCLUSIONS

que ce soit ; on se contentera, selon le mot cruel de Nietzsche (cruel parce que vrai), de « rendre Éros vicieux ». Et le désir de plaire est chez les femmes un désir naturel. Cette observation très latérale, voire anecdotique, peut néanmoins être transposée dans tous les domaines de la vie individuelle et sociale ; elle illustre les méfaits du surnaturalisme.

La vertu morale en général ne consiste pas à éviter le conflit, mais à l'affronter en se donnant les moyens de le surmonter. L'homme possesseur d'une nature humaine intègre n'eût pas été dispensé de lutter contre la possibilité du mal, il eût lutté joyeusement, facilement et toujours victorieusement, et l'effet du péché est l'impuissance à lutter, la langueur à combattre. Toute énergie vitale est objectivement porteuse d'une puissance au péché, lequel doit demeurer à l'état de puissance, mais ce n'est pas préserver cette énergie que de la dispenser de lutter. Par nature, l'homme est invité, selon la leçon de la dialectique de l'Amour dans le *Banquet* de Platon, à aimer les biens inférieurs pour apprendre à les crucifier, à les dépasser sans les consommer, et c'est à raison de cette épreuve qu'il fait s'éveiller en lui les appétits spirituels pour les biens les plus nobles. Tout mal est un certain bien, mais il doit à bon droit être tenu pour un mal en tant qu'il prive l'homme d'un bien plus grand. Ainsi existe-t-il des biens qui sont à aimer *pour être dépassés*, ainsi sacrifiés. Autant la multiplication artificielle des occasions de pécher, qui définit au fond l'essence du monde moderne, est peccamineuse, autant est peccamineuse la complaisance à l'égard de ces occasions, autant, en revanche, n'est pas peccamineuse l'invitation à rencontrer des biens naturels qui, s'ils n'étaient crucifiés, seraient des maux. La bonne pédagogie ne consiste pas à éviter une telle rencontre à tout prix, mais à développer, selon les exigences d'une éthique de l'irascible (*violenti rapiunt illud...* le paradis appartient aux violents !) vigoureuse et prudente, le goût pour le combat, la force de la lutte. Être intelligent et fort peut rendre méchant et orgueilleux ; être belle et élégante peut rendre orgueilleuse et luxurieuse ; oui ; mais l'humilité n'est pas le produit d'un choix délibéré pour la bêtise, l'ignorance, la faiblesse, la laideur. René Bazin et Henri Pourrat sont des auteurs catholiques et bien-pensants (exigences surnaturelles satisfaites, mais perfection naturelle médiocre), mais ils n'ont pas le génie de Flaubert et de Stendhal (qualité littéraire — ainsi naturelle — exceptionnelle, mais exigences surnaturelles délaissées, voire combattues par un usage fallacieux des qualités littéraires naturelles). Que doit faire le pédagogue ? Si les analyses qui précèdent sont exactes, il doit, avec prudence et moyennant une préparation préventive préalable, inviter ses élèves à se frotter au talent naturel, ainsi à affronter le risque du péché ; de surcroît, ils seront ainsi moins mal préparés aux examens d'État...

On dira que la vocation des écoles catholiques vraiment libres, supposées seules fréquentables par les bien-pensants, n'est pas de préparer les élèves à des examens d'État, lesquels sont viciés comme le sont les programmes scolaires et l'État corrupteur qui les promulgue. On répondra que, pour se donner les moyens d'aménager dans la société corrompue des îlots de propreté morale viables, il faut bien — à moins d'accéder au pouvoir par la force, ce qui aujourd'hui relève de la chimère — s'habiliter à gagner sa vie dans cette société pervertie, par là satisfaire aux réquisits techniques (s'ils ne sont pas tous intrinsèquement pervers) de fonctionnement des organes de ladite société. Et c'est bien là ce qu'attendent, légitimement, les parents d'élèves des institutions onéreuses auxquelles ils confient leur progéniture. L'infection des sociétés sans Dieu est telle qu'elle en vient à contaminer, par son idéologie prométhéenne, même les institutions publiques chargées de communiquer le savoir scientifique ; sous ce rapport, un temps viendra probablement où les milieux catholiques seront en demeure, pour survivre à moyen terme, de reconstituer — en forme probable de ghetto, par là en se donnant les moyens d'accéder à l'autarcie régionale — une société officieuse dans la « dissociété » officielle, ainsi de se charger eux-mêmes de la formation scientifique et technique, non reconnue par l'État mais vitale pour eux, de leurs futurs médecins, pharmaciens, ingénieurs, etc., pour que ces derniers puissent demeurer catholiques et agir en catholiques. Aussi longtemps cependant que ces milieux ne se résoudront pas à le faire, il faudra bien aller chercher le savoir là où il est, par là satisfaire aux réquisits pédagogiques des examens d'État, lesquels ne sont pas encore tous, en fait, viciés à un point tel qu'il serait en conscience impossible, pour un catholique, de s'y préparer. On voudra bien aussi noter que si les « humanités » doivent demeurer la base de tout cursus scolaire, il ne conviendrait pas, en revanche, de mépriser les études scientifiques, car ce serait là laisser aux méchants la maîtrise des conditions techniques, dans nos sociétés modernes, de toute forme de pouvoir social et par là d'indépendance à l'égard de ces pouvoirs. « La science est fille de Dieu, *Deus scientiarum dominus*, aussi bien les sciences physiques, psychologiques, sociales de l'univers humain, que la science morale personnelle, **trop vite incriminée de naturalisme par les volontarismes d'obédience philosophique ou mystique** » (M. D. Chenu, *op. cit.* p. 149). Les institutions publiques d'enseignement supérieur — qui conditionnent l'obtention de diplômes professionnellement monnayables, par là qui conditionnent indirectement l'intégration des jeunes générations dans la société — sont certes dès aujourd'hui coupables de dispenser un savoir grevé d'erreurs doctrinales mais aussi entaché d'immoralité ; devant que de fuir « pieusement » ces institutions, la jeunesse catholique, formée dans l'enfance et dans l'adolescence à distance des miasmes corrupteurs, doit, spirituellement adulte, armée d'un esprit critique solide, gonflée d'audace et de combativité, les prendre d'assaut, et en tirer tout ce qui lui est utile : toute vérité est catholique. Une telle jeunesse non timorée, méprisant le mal moral plus qu'elle ne le craint (la crainte — faut-il le rappeler ? — est un mouvement de l'appétit irascible à l'égard d'un mal ardu jugé **impossible** à vaincre), doit aller conquérir la vérité confisquée à la manière dont un pompier doit arracher un trésor au feu en se munissant d'un masque à gaz, et non renoncer au trésor à cause de la dangerosité des flammes et des vapeurs empoisonnées. Si, au reste, ces jeunes adultes sont incapables d'affronter de tels dangers sans succomber moralement, c'est qu'ils n'étaient pas moralement adultes, et qu'ils ne le seront jamais.

Au reste, tous les pédagogues lucides et honnêtes de la Tradition catholique savent, *in petto*, que les désordres dans les mœurs se développent autant chez les bien-pensants et « bien-paraissants » que chez les autres, mais de manière sournoise et difficilement amendable du fait de leur caractère hypocrite et intériorisé. Les familles récemment fondées dans les milieux catholiques laissent voir de plus en plus (les confesseurs le savent) de désordres, de misères, de scandales et d'échecs. Est-ce vraiment le seul fait de l'agressivité du milieu social hostile au catholicisme ? N'est-ce pas plutôt, et beaucoup plus, la négligence à l'égard de cette dimension de légitime irascible que devrait inclure et exalter toute saine formation morale ? Le mal est privation du bien, la haine du mal vit de l'amour du bien ; c'est le développement de l'amour du bien qui meut et entretient la haine du mal ; à vouloir à tout prix éviter les occasions de pécher, au point de réduire l'exigence morale à cette stratégie de l'évitement, on en vient à exténuer l'amour du bien, et à transformer la haine du mal en fascination inavouée pour ce dernier. La piété vigoureuse du Moyen Âge débordant de vitalité n'avait pas la forme rabougrie de cette piété bourgeoise plus soucieuse de la longueur des jupes que de la profondeur de la vie spirituelle. La reconnaissance, en l'homme, de l'existence d'un négatif non peccamineux — mais qui le devient sous l'effet du péché originel, et dont le caractère peccamineux n'est pas dans sa négativité, mais dans la langueur du négatif à se surmonter lui-même — permet à l'homme d'éviter le découragement à l'égard du mal tentateur, en tant qu'elle permet de ne pas lui conférer une appétibilité démesurée qui confine à la fascination : si tout négatif est jugé peccamineux, alors ce négatif non peccamineux, en vérité intrinsèque à la condition humaine, par là non extirpable, suscitera l'illusion que le mal est décidément invincible. Et quand on en vient à croire qu'il l'est, on s'abandonne à lui sans vergogne, en se contentant de préserver les apparences sociales. Et, quand on ne consent pas à s'y abandonner, on se crispe, on se bouche les yeux et les oreilles, on s'enferme dans une tour d'ivoire morale qui confine à l'autisme, et qui de surcroît tend à hypostasier le mal, à lui conférer la dignité d'un être (alors qu'il est non-être), d'où, au passage, cette tendance funeste dans les milieux catholiques à réduire toute explication de la décadence à une théorie complotiste, laquelle dispense les tenants du « *bonum certamen* » de faire leur propre examen de conscience ; d'où aussi, par compensation psychologiquement compréhensible, cette non moins dangereuse tendance à conférer une importance démesurée aux apparitions privées non reconnues par l'Église (« tout va mal mais tout ira bien un jour, il suffit de laisser faire la Providence qui saura déjouer les complots et chasser les méchants »). Ce n'est pas à dire que les complots n'existeraient pas, que les apparitions privées devraient être méprisées, que la haine du mal et des tentations devrait être négligée, qu'une rigoureuse prudence en matière vestimentaire pourrait être relâchée ; c'est-à-dire simplement que là n'est pas le véritable fondement du bon combat, lequel fondement consiste dans l'amour sans mesure du bien sous toutes ses formes, et dans l'effort de discernement toujours plus poussé de la nature de ce bien. Les complots contre l'ordre catholique sont réels, terriblement efficaces, mais il en est des complots comme il en est des microbes : un organisme sain rend les microbes inefficaces, il n'attend pas pour être sain qu'ils disparaissent.

Augustinisme politique et surnaturalisme

La religion catholique étant dogmatique, tout comme l'est naturellement l'intelligence non contaminée par le scepticisme, le contre-révolutionnaire a aussi tendance à appliquer aux attributs sociétaux de la panoplie traditionaliste ce poids de certitude et d'exigence propre aux dogmes théologiques, en vouant aux gémonies « libérales » tout ce qui n'entre pas dans les vues en vérité historiquement très datées du sévère bien-pensant[26]. Une certaine émulation entre familles et groupes traditionalistes, exacerbée par le zèle ecclésiastique non toujours désintéressé, mais aussi par la vanité, engendrera alors cette seule « ascension aux extrêmes » dont ils soient capables, à savoir, sur fond de prétention délirante, la « divisionnite », la médisance, la calomnie, et le ridicule. *Dans le souci — non éclairé quoique bien intentionné à l'origine — de tout ordonner à Dieu, on en vient à tenter de tout fonder dans la surnature, à tenir même pour impie toute tentative de fonder d'abord en nature les opérations et comportements humains les plus divers* (en vérité, c'est la nature en tant que restaurée par la grâce qui recouvre par là sa rectitude et sa vitalité, c'est elle qui demeure le fondement et le principe normatif des opérations humaines). En politique, dans la ligne de l'augustinisme politique inspirant le légitimisme providentialiste (le roi devrait rester, à toute distance de l'idée tenue pour funeste — moderne — d'État, le suzerain de la pyramide féodale, et la formation des grandes familles nobles devrait échapper à l'autorité du roi), on tiendra pour acquis (*Unam Sanctam* de Boniface VIII) que le pape a la légitimité politique sans avoir le pouvoir, et que les rois ont le pouvoir politique sans en avoir la légitimité qu'ils devraient recevoir de l'Église. Derrière cette série de caractéristiques sin-

---

[26] Il en va de même pour ses amours et ses aversions intellectuelles. Sa formation philosophique relevant essentiellement d'une lecture suivie de manuels néo-thomistes antérieurs à la crise de l'Église, il croit sur parole avec une conviction féroce que toute question posée à saint Thomas relève du blasphème, que le thomisme a résolu tous les problèmes que l'homme pourrait jamais se poser, que Hegel est évolutionniste (la Nature pour lui n'a pas d'histoire…) et qu'il identifie la matière et l'esprit, que la dialectique est « thèse, antithèse, synthèse », que cette trinité renvoie aux trois points des maçons, que la gnose et le néo-platonisme sont une seule et même chose, que la dialectique récuserait le principe de non-contradiction, et ainsi de suite en fait d'approximations ou de franches contre-vérités. Il en est même certains pour penser que légitimisme et maurrassisme seraient compatibles, et que ces deux courants de pensée prolongeraient la philosophie politique du thomisme…

EN GUISE DE CONCLUSIONS

gulières expressives d'une mentalité ou de fidélités affectives plus que d'une réflexion rigoureusement menée, on doit discerner cette conception anti-thomiste (parce que anti-aristotélicienne) du politique, à savoir (*Cité de Dieu*, XIX 15) que le pouvoir de l'homme sur l'homme serait l'effet du péché, par là ne serait pas naturel. Le pouvoir politique serait ainsi par essence réduit à la fonction castigatrice d'un châtiment divin, et d'un instrument de sanctification morale ; conformément aux thèses de Platon christianisé par saint Augustin, la cité serait « *ratio cognoscendi* » de la morale, mais la morale serait « *ratio essendi* » du politique. Et parce que la morale vise la vertu et le salut individuels, parce que plus généralement le pouvoir politique n'est pas enraciné dans la nature intègre de l'homme, il serait vain de tenter de trouver en cette doctrine l'idée d'une société politique ayant, comme réalité communautaire, raison de fin pour l'individu lui-même, ce qui revient à dire en dernier ressort que la notion de bien commun, dans ce contexte politique, perd toute signification. Ce que l'on voudrait souligner ici, c'est qu'un tel point de vue est en son fond *profondément surnaturaliste*, au sens où ce mot a été défini plus haut (pour rappel : tendre à substituer la surnature à la nature puisque l'intromission de la surnature devrait s'accomplir moyennant une frustration obligée des appétits même non peccamineux de la nature humaine). En effet, *on ne conçoit là de fonder surnaturellement le politique (ainsi de lui trouver une légitimité) qu'en le dépossédant de tout fondement naturel (pas de vocation politique de l'homme sans péché originel)*, sinon en le subordonnant à la morale (qui n'aurait pas besoin du politique si l'homme était vertueux, non contaminé par le péché), conformément à la thèse de Platon. Il n'est pas inopportun de dresser sommairement la liste des conséquences de cette vision des choses.

Tout d'abord, dès que la foi se refroidit et que la société se laïcise, une société fondée sur de tels principes ne peut que succomber à une explosion de l'individualisme, puisqu'elle excluait par principe le bien commun.

Ensuite, le thomisme enseigne que la grâce ne détruit pas la nature mais la perfectionne ; si, comme on l'a vu, la grâce est beaucoup plus « *elevans* » qu'elle n'est « *sanans* » pour l'augustinisme, peut-on encore seulement dire qu'elle élèvera la nature si elle est en demeure de l'abaisser pour pousser sur son terreau ?

En troisième lieu, si l'on part du principe que la surnature doit tendre à se substituer à la nature, c'est que la nature en elle-même ne vaut pas grand-chose, sinon au titre de support de la grâce. Mais si tel est là l'unique office de la nature en régime historique post-lapsaire, tel était déjà son office exclusif en régime supra-lapsaire. Mais alors cela revient à suggérer qu'au fond la nature n'a de raison d'être que par la grâce, et que cette dernière a vocation à être tenue pour une obligation imposée au Créateur, à peine de rendre Sa création vaine ; ce qui est du baïanisme. Dès lors, ce qui rendra l'homme précieux au regard de Dieu, au point de lui valoir le don de la grâce, ne résidera plus dans sa nature mais dans sa conscience et dans sa liberté. Un certain pessimisme augustinien, gravide de ce rigorisme ostensible invitant ses adeptes à faire relever du laxisme libéral tout ce qui ne communie pas dans son austérité tapageuse, est de ce fait objectivement porteur de tendances existentialistes ; on l'a déjà dit : en dénigrant sa nature déchue au point de la réduire à sa blessure, on se complaît secrètement, et dans un acte de parfaite mauvaise foi, à se soustraire à sa nature pour s'identifier à sa liberté ; et c'est là du personnalisme, ainsi du modernisme. On peut se demander si, plus que Pic de la Mirandole, l'esprit janséniste de Pascal n'est pas la vraie matrice de l'existentialisme moderne préfiguré dans ce subjectivisme ayant présidé à la genèse de l'esprit jacobin.

Surnaturalisme et exigence morale

Dieu veut qu'on accepte tous les décrets de Sa divine Providence. Dieu veut être aimé par-dessus toute chose, et à ce titre il est rationnel que nous soyons détachés des biens finis, arrachés — quand nous ne savons pas le faire nous-mêmes — de

EN GUISE DE CONCLUSIONS

force à eux par la divine miséricorde et dans la forme d'une invitation à la Croix, afin de prévenir cette tendance peccamineuse à absolutiser le fini. Mais cela ne veut pas dire que tout échec serait une invitation à renoncer à ce que l'on aime, comme si la renonciation au fini était, comme occasion de porter une croix, toujours préférable aux biens finis honnêtes congrus à notre nature : s'arracher au fini pour s'habiliter à l'infini n'est que l'envers du devoir de tendre vers les biens finis droits, car c'est en eux que s'expérimente le désir, ce sont eux qui l'actualisent, c'est par eux qu'il s'éveille à lui-même et revient sur soi (*ipsum velle quoddam bonum*) pour constater la disproportion entre la finitude du bien et l'infinité de sa puissance d'aimer, par là pour s'élancer vers des biens supérieurs ; c'est donc l'amour des biens finis qui fait apprendre au désir l'opportunité de s'arracher au fini pour s'habiliter à l'absolu ; de sorte que cette pathologie consistant à se refuser à tout bien fini (au prétexte qu'il y a risque de l'absolutiser) équivaut dialectiquement au refus de s'arracher à eux, puisqu'en se refusant à aimer le fini, on se rend incapable d'aspirer à l'infini ; et au vrai cette pathologie est bien une absolutisation du fini : celle du moi s'éprouvant tel un absolu dans l'épreuve de résister au fini : « je souffre, donc je suis ». En réduisant, au nom d'une sombre piété, la nature humaine à sa blessure (accéder à la conscience de son humanité revient alors à souffrir), on peut se permettre — comme on l'a déjà dit — de haïr sa nature et de s'identifier à sa liberté, infinie — par là déjà divine — en tant qu'émancipée de la circonscription d'une essence.

Il est plus que nécessaire aujourd'hui de dénoncer cette tendance propre aux catholiques contre-révolutionnaires à ériger en règle universelle cette spiritualité montfortaine (et plus généralement cette spiritualité très française et très datée — celle du XVIIe siècle) qui ne vaut que pour certaines vocations extrêmement minoritaires, tout comme au reste celle du Carmel. N'en déplaise aux professionnels du dolorisme tout affairés — à défaut d'oser jouir — à stériliser l'appétit des jouisseurs, le modèle de comportement vraiment chrétien en ce domaine nous est donné par le Christ : « Père, s'il est possible, faites que ce calice s'éloigne de moi ; cependant, que votre volonté soit faite ». *On doit accueillir la Croix quand elle s'impose, on ne doit pas la rechercher au point de la substituer au désir des biens naturels.* Rechercher les croix et s'y complaire au point de les préférer aux biens de l'ordre naturel, c'est-à-dire de cet ordre dont la violation est précisément génératrice de souffrances qui peuvent être des croix nécessaires à notre rédemption, cela ne peut convenir qu'à certaines âmes spécialement choisies par Dieu, ayant vocation à violenter par accident l'ordre naturel : soigner les effets d'un excès (hubris contre nature) en pratiquant l'excès inverse, et en faisant un tel choix à la place et au profit (selon la réversibilité des mérites) de tous les pécheurs qui ne savent pas le faire ; ou bien, par un mouvement d'amour mystique (mais le diable sait faire prendre les névroses pour de l'amour mystique) inspiré par des grâces très spéciales, aspirer à se conformer à Notre Seigneur au point de faire de l'imitation du Christ, en Sa vocation propre à sauver le genre humain par Son sang, l'essentiel de sa vie, ainsi à en faire sa propre raison d'être terrestre, au détriment de toute vocation naturelle ; mais cela ne concerne que certaines âmes.

La Très Sainte Vierge Marie a confirmé à Fatima l'enseignement du Christ : il faut prier et offrir des sacrifices ; pour notre temps, prier est réciter le rosaire ; offrir des sacrifices est faire son devoir d'état et respecter toutes les exigences du Décalogue (lequel est accidentellement positif et relève du droit naturel, tout comme le devoir d'état) ; on est loin du dolorisme qui court-circuite l'ordre naturel.

Trop de contre-révolutionnaires sentent et agissent comme des malades, des déficients de nature, qui voient dans leurs tares autant de signes d'une élection surnaturelle. Ils cultivent un quiétisme de l'échec, qui leur permet de fustiger chez autrui les désirs et les réussites au nom du Saint-Esprit, alors qu'il s'agit de fatigue biologique doublée de ressentiment. **Il n'est pas étonnant, avec de tels postulats, que la contre-révolution ait toujours échoué : une victoire lui eût paru suspecte, enta-**

chée de naturalisme, et c'est pourquoi les bien-pensants obstinés ne consentent à espérer qu'en une victoire venant d'en-Haut, qui cautionnera leur passivité. Si tout échec ponctuel devait être interprété tel le signe d'un décret divin nous sommant de renoncer à un bien donné, et ce pour nous livrer aux délices mystiques de l'adorable Croix, toute lutte ou toute réussite temporelle devrait être considérée comme une révolte métaphysique. C'est seulement quand la guerre est terminée qu'on peut affirmer connaître le décret divin désignant le vainqueur et le vaincu ; avant cela, il s'agit de désirer et de lutter, de s'en tenir au désir, à l'appétit médiat de la victoire et à l'ivresse immédiate de la lutte. Tant que l'échec ne se révèle pas à vue d'homme irréversible, on peut et on doit continuer à poursuivre le bien honnête, même fini, avec passion. Le raisonnement implicite du contre-révolutionnaire — car tout délire a besoin d'un raisonnement pour échapper au retour douloureux du bon sens — peut être reconstitué de la manière suivante :

Le Dieu fait homme a voulu subir l'injustice des hommes pour payer, dans l'épreuve même de cette injustice, et par amour pour eux, le prix de leur rachat, c'est-à-dire la charge de souffrances dues par les pécheurs à la justice de vindicte divine ; c'est ainsi le créditeur qui, par amour, paie la dette à la place du débiteur ; mais l'homme racheté étant invité, par charité, à se conformer au Christ et à se faire le coopérateur de sa propre rédemption, il serait de ce fait invité à vouloir subir l'injustice en toute circonstance, au point que tenter de rétablir la justice, dans une situation donnée, ainsi tenter de dispenser le créditeur de payer la dette en la faisant payer par le débiteur, serait un péché contre la charité ; celui qui subit une injustice commettrait un péché d'orgueil en faisant valoir son droit à effacer l'injustice, parce que ce serait là s'opposer aux décrets de la Providence supposée vouloir les injustices et désordres naturels comme autant de choses sacrées, en tant que ces dernières seraient intrinsèquement liées aux vertus surnaturelles d'humilité et de charité. Tels sont les effets du surnaturalisme dans la vie morale.

Mais c'est là un sophisme :

Tenter de rétablir la justice par tous les moyens honorables n'est pas refuser d'accepter en dernier ressort de subir l'injustice afin de payer la dette du criminel ; Dieu a le pouvoir de tirer le bien du mal, soit ; mais cela ne signifie pas que le bien surnaturel aurait pour condition nécessaire le mal ou désordre naturel. Qu'un malade offre ses souffrances à Dieu, accepte par avance la possibilité de ne jamais guérir, cela est admirable ; mais cela ne le dispense pas d'éviter de contracter une nouvelle maladie ; cela ne le dispense pas non plus de se soigner avec la dernière énergie. Accepter de subir l'injustice telle une croix rédemptrice ne dispense pas de commencer par tenter de réparer les désordres induits par cette injustice.

En deux mots comme en cent, le contre-révolutionnaire, en politique et en morale, s'en tenant aux apparences et mû par ses répulsions affectives, confond intégrité religieuse et surnaturalisme, par là réduit le refus du laïcisme au cléricalisme, et l'esprit surnaturel aux ambitions théocratiques. C'est peut-être ce travers qui est à l'origine des échecs de la contre-révolution. Et c'est ce même travers qui suscita l'esprit du modernisme en son effort de réconciliation avec le « monde », effort qui définit la « vérité captive » de Vatican II ; s'il ne rendait captive aucune vérité, s'il ne se trouvait possesseur — certes pour la dénaturer — de cette vérité précieuse qui manquait aux réactionnaires pour l'emporter contre le modernisme, jamais il n'aurait pu susciter cette acceptation tantôt enthousiaste tantôt tacite de l'immense majorité des catholiques : les surnaturalistes et les conciliaires ont en commun de confondre — illusion qui fut rendue possible parce qu'ils ne font, « *materialiter* », qu'une seule chose — le monde entendu comme ce qui nous parle de Dieu, et le « monde » en tant qu'il nous éloigne de Lui ; les premiers ont voulu nous apprendre à haïr la nature, les autres à détruire la surnature en la naturalisant. Il s'agit de haïr le monde en tant qu'il éloigne de Dieu *en*

EN GUISE DE CONCLUSIONS

réapprenant à aimer le monde — jusque dans ce qu'il contient d'inquiétant, ainsi en incluant le négatif non peccamineux qu'il enveloppe — en tant qu'il parle de Lui.

« Tout restaurer dans le Christ », mais en quel sens ?

« D'où il suit que *tout restaurer dans le Christ* et ramener les hommes à l'obéissance divine sont une seule et même chose. Et c'est pourquoi le but vers lequel doivent converger tous nos efforts, c'est de ramener le genre humain à l'empire du Christ. Cela fait, l'homme se trouvera, par là même, ramené à Dieu. Non pas, voulons-Nous dire, un Dieu inerte et insoucieux des choses humaines, comme les matérialistes l'ont forgé dans leurs folles rêveries, mais un Dieu vivant et vrai, en trois personnes dans l'unité de nature, auteur du monde, étendant à toute chose son infinie providence, enfin législateur très juste qui punit les coupables et assure aux vertus leur récompense. (...) Certes, le jour où, dans chaque cité, dans chaque bourgade, la loi du Seigneur sera soigneusement gardée, les choses saintes entourées de respect, les sacrements fréquentés, en un mot, tout ce qui constitue la vie chrétienne remis en honneur, il ne manquera plus rien, Vénérables Frères, pour que Nous contemplions la restauration de toutes les choses dans le Christ. Et que l'on ne crie pas que tout cela se rapporte seulement à l'acquisition des biens éternels ; les intérêts temporels et la prospérité publique s'en ressentiront aussi très heureusement » (saint Pie X, encyclique *E Supremi*, 4 octobre 1903).

Tout restaurer dans le Christ, œuvrer pour le règne du Christ-Roi — ce qui demeure la charte de tout vrai catholique et de toute contre-révolution digne de ce nom — c'est ramener le genre humain à l'empire du Christ, ramener les hommes à l'obéissance divine, ramener les hommes à Dieu par le Christ qui est Dieu, restaurer tout ce qui constitue la vie chrétienne. Tout instaurer dans le Christ, c'est donc tout *finaliser* par le Christ. Mais ce n'est pas là instaurer une théocratie ou prôner le surnaturalisme. Instaurer par exemple l'art médical dans le

Christ, c'est lui assigner le Christ comme fin ultime (la santé du corps ne vaut que pour celle de l'âme), et ce n'est pas là prétendre à substituer l'autorité des clercs à celle des professeurs ou maîtres profanes compétents. Tout restaurer dans le Christ, c'est exercer ses tâches, ses talents et vocations naturels en vue des biens surnaturels auxquels par la grâce la nature a été surélevée, ce n'est pas faire se court-circuiter les élans naturels par les exigences supposées de la surnature.

Du bien commun et de l'État, et de l'articulation entre autorité politique et autorité pontificale

Rappelons quelques vérités et raisonnements élémentaires :

Nos désirs procèdent de notre nature, mais désirer est manquer, souffrir, être comme malade, inadéquat à concept, essence ou nature : désirer est tendre vers l'adéquation de soi-même à sa nature ; les désirs procèdent de la nature et ramènent à elle, la nature humaine se veut en l'homme (qui en est une individuation) et, pour cette raison, elle se le subordonne, il l'aime comme lui étant rapporté. Mais la nature humaine est plus adéquatement réalisée dans la cité que dans l'individu, pour autant qu'elle soit prise telle cette cité concrète inclusive des individus qu'elle rassemble. Donc l'homme tend vers le bien de la cité — le bien commun — comme vers le meilleur de ses biens, ainsi comme vers un bien auquel il est rapporté. Et c'est moyennant cette subordination consentie de lui-même à la cité qu'il s'habilite à être renvoyé à lui-même par la cité elle-même, afin de tendre vers un mode de réalisation de sa nature excédant en perfection son mode politique de réalisation. Ultimement, l'homme tend vers l'Idée divine d'homme, vers l'archétype divin dont il est une similitude participée. Si la cité se veut en l'homme comme sa nature se veut en lui, il y a organicité, primat du tout sur les parties. Mais alors le dépositaire de l'autorité n'est que la conscience de soi de ce tout, sa personnification momentanée lui donnant, en tant que tout œuvrant en chaque homme sur le mode de nature politique de ce dernier, de se faire la cause efficiente de l'organisation et de la croissance des parties dont ce même tout est en retour la cause finale. À ce titre, un tel chef est inclus dans le tout dont il est l'hypostase, et il en subit la loi.

C'est pourquoi, le tout étant raison de la différenciation intestine de ses parties, cette forme du tout qu'est l'État (dont le roi est la personnification) doit se voir reconnaître le pouvoir de faire des nobles et de casser leur condition lorsqu'ils forlignent.

De plus, le tout politique étant cette forme individuée par la matière (les parties) dont les mœurs, l'histoire commune, le patrimoine biologique (la race), la culture, le passé et les aspirations temporelles communs constituent la vie nationale de la cité, il est dans la logique d'une philosophie du bien commun de développer une légitimation de la vie nationale.

Le nationalisme rationnel n'est ni nominaliste (chaque nation incarnerait une vision du monde incommensurable à toute autre, les valeurs spirituelles ne vaudraient qu'en un temps et un lieu déterminés, pour telle ou telle nation et non pour telle autre), ni nationalitaire (chaque peuple se veut le citoyen d'une démocratie de nations, d'où l'égalitarisme et les revendications libertaires, l'esprit de la révolution de 1848 et plus généralement l'individualisme des peuples). Le nationalisme intègre définit la nation tel le principe d'individuation de l'État, et il l'analyse en termes à la fois biologiques (races) et culturels (la « *Sittlichkeit* » de Hegel). Selon le nationalisme ainsi compris, innocent de ses déviations, une même nation a vocation à vivre dans un même État (elle n'a pas à être éclatée en plusieurs États, il est naturel à ses membres d'aspirer à se réunir à l'ombre d'un même État), mais rien n'empêche que plusieurs nations puissent être régies par un seul État, lequel, individué par une nation historique donnée ayant fait la preuve historique de ses vertus hégémoniques, peut exercer un rôle de suzerain sur d'autres nations à lui associées. Si l'organisation féodale de la société trouve dans l'État national sa vérité immanente qui supprime la première en l'accomplissant, en retour l'unification de plusieurs nations en un seul empire restaure au niveau de ce dernier le principe féodal, sans que l'empire féodal ait jamais vocation à se sublimer en État mondial, pour les raisons évoquées plus haut à propos de Carl Schmitt. Si la sphère du politique, en laquelle s'effectue un certain degré d'actuation de la vie spirituelle, a vocation à s'achever, ce doit être aux deux sens du mot « achever » : ce ne peut être comme État mondial, c'est-à-dire dans l'élément propre du politique ; il faut que ce soit au-delà du politique, précisément parce que le politique n'est pas le degré ultime d'actuation de la nature humaine ; les aspirations ultimes du politique se consomment au-delà de lui, dans la sphère religieuse, comme religion naturelle (« *in puris naturalibus* ») ou comme religion catholique (laquelle assume la première en la transfigurant), et c'est pourquoi il était dans l'ordre que Caesar fût aussi « *Pontifex* ». Et il est dans l'ordre qu'il le reste, au sens où, en régime post-lapsaire du genre humain racheté par le Christ, la religion catholique est la seule religion légitime que tout chef d'État est moralement en demeure de promouvoir en la servant au titre de son bras séculier ; de telle sorte que ce qui reste de fonction religieuse dans le politique après le surgissement de la surnature, c'est le pouvoir de décision du chef d'État d'ordonner toute la vie politique à sa fin religieuse, celle de la religion révélée. Il reste que ce n'est pas de l'Église que le chef d'État, en tant que chef d'État, tient sa légitimité, même s'il peut perdre cette légitimité en refusant de se faire le moyen du salut des âmes. Que le politique soit en demeure de reconnaître dans le service des intérêts spirituels de l'Église la cause finale surnaturelle ultime de son activité naturelle tout entière (quoique non totalement) investie dans le service du bien commun, n'implique pas — on l'a vu — que la cause efficiente du politique serait l'Église. Pour qu'il existe un « point de suture » entre nature et surnature rendant raison de l'hymen qui les unit sans les frustrer, il faut que le « *terminus ad quem* » de l'ordre naturel soit le « *terminus a quo* » de l'ordre surnaturel. Dans le domaine politique, ce point de suture consiste dans la subsistance du statut de « *Pontifex* » de tout chef politique, ainsi dans une vocation à exercer, à l'intérieur de l'exercice de la religion révélée, ce que cette dernière laisse subsister en elle-même de ce dont elle est la transfiguration : le pouvoir de décision de subordonner aux fins surnaturelles de l'Église une autorité que ce pouvoir tient directement de la nature politique de l'homme et non de l'Église.

D'aucuns, excipant du fait que César était « *Pontifex* », considèrent que, dès lors que la religion naturelle est assumée par et sublimée dans l'Église catholique, alors, en retour, le « *Pontifex* » de la religion révélée, à savoir le pape, est habilité à se considérer comme César, à tout le moins comme le possesseur primitif de l'autorité de César, par là tel le faiseur des Césars.

Là contre, il convient de faire observer d'abord que, dans plusieurs sociétés païennes de l'Antiquité, les fonctions politique et religieuse étaient distinguées, sans que la responsabilité politique fût supposée avoir été primitivement possédée par le clergé : un clergé se distinguait des rois dans les mondes celtique et iranien, au rebours de ce qui se produisait dans les mondes germanique et romain.

Par ailleurs, le bien commun de la cité consiste essentiellement dans son ordre, non pas considéré indépendamment des individus qu'il rassemble, mais avec eux, et il a raison de cause finale de la cité. Or, selon la leçon de Platon (*République* IV), cet ordre qui régit la cité est la projection de la structure de l'âme individuelle : le philosophe-roi et les sages en général (la raison dans l'homme, fin des autres facultés), les guerriers (le « cœur » dans l'homme, à la fois volonté et irascible), les manouvriers (les appétits sensibles) ; donc il est définitionnel de cet ordre de faire se hiérarchiser les fonctions sociales en vue de l'activité contemplative : la « *theoria* », connaissance naturelle de Dieu, s'opère à partir des choses créées, ainsi à partir de l'ordre de l'univers qui se réfracte dans l'ordre de la cité, de sorte que la « *theoria* » s'exerce dans son « *terminus a quo* » en et comme *savoir* de la cité, lequel est aussi savoir (de soi) *de la cité ;* or la cité fait culminer un tel ordre dans le service de la « *theoria* » qui s'exerce en elle et qui la résume, mais aussi qui l'intériorise ; il en résulte que la « *theoria* », s'exerçant dans la cité telle la conscience de soi de la cité, s'y exerce comme son intériorisation, ainsi comme sa *sublimation* : la cité, qui est un tout composé de parties, se concentre en l'une d'entre elles (la plus noble), par là *s'achève* — se consomme ou s'accomplit, mais aussi *se supprime* — dans l'activité contemplative, auto-transgression de l'ordre de la cité s'accomplissant en s'excédant ; c'est pourquoi, si le « *terminus a quo* » de l'activité contemplative est l'ordre même de l'univers, son « *terminus ad quem* » idéal est la connaissance naturelle de Dieu, qui définit le souverain bien naturel. On retiendra de cette brève analyse que le souverain bien est en soi et pour nous quelque chose qui entretient, à l'égard du bien commun politique, le même rapport que celui qu'entretient le papillon par rapport à la chrysalide. Et de même qu'il est définitionnel du papillon de se faire procéder de la chrysalide qu'il engendre en retour, de même il est définitionnel du souverain bien humain de s'anticiper dans la recherche du bien commun politique que ce souverain bien n'excède qu'en l'assumant. Cela dit, si le souverain bien *naturel* est en effet l'*achèvement* (consommation exhaustive et suppression, à raison de cette exhaustivité) du bien commun politique, c'est que l'homme est invité à se reconnaître « *totus* » ordonné à la cité comme à sa fin, sans pour autant l'être « *totaliter* » ; on peut bien — en dépit de l'équivoque attachée à cette expression aisément réductible à une profession de foi personnaliste — déclarer avec Pie XI, à ce sujet, que « la cité est pour l'homme », sans pour autant que le bien commun de la cité soit pour le bien particulier de l'homme, ainsi qu'il l'est précisé dans *Divini Redemptoris* ; mais il n'y est pas expliqué (d'où l'équivoque) pourquoi le bien particulier de la personne pourrait être finalisé par le bien commun de la cité cependant que celui-ci demeurerait subordonné à la personne. Il reste que si le papillon est à la fois cause efficiente et cause finale de la chrysalide, c'est parce que le papillon et la chrysalide sont habités par la même nature ; or le souverain bien surnaturel et le bien commun du politique, ainsi le bien commun naturel, ne sont pas — comme il l'a été dit — de même nature. Et c'est pourquoi, s'il était, avant la Révélation, dans le vœu de la nature humaine que César fût « *Pontifex* » (religion naturelle), il n'est pas dans l'ordre propre à l'économie du Salut que le pape soit César ou le créateur des césars.

Enfin, le roi n'étant que la conscience de soi de l'État, c'est à l'État, forme de la cité, que s'ordonnent ses membres, de sorte que le principe d'unité de la multitude est l'État individué par la nation, ou la nation informée par l'État rationnel (conforme quant à ses articulations internes aux exigences de la nature humaine), et non l'allégeance dynastique au Prince. Le pouvoir appartient à celui qui le prend, pour autant qu'il l'ordonne au bien commun ; telle est — sous le couvert du respect des règles de prudence — l'unique vraie légitimation rationnelle de l'autorité politique. Il eût été dans l'intérêt de la monarchie française, plutôt qu'à pérenniser une conception augustinienne du politique, de se conformer dès le XIIIe siècle aux exigences organicistes de la philosophie de saint Thomas, et c'est pour n'y avoir pas consenti qu'elle s'est lentement laissé pénétrer par l'esprit individualiste (protestant plus libéral) qui finit, sans manquer de confisquer en les dénaturant les concepts d'État et de nation qui appartiennent en droit à la monarchie organiciste, par avoir raison d'elle. Refaire la chrétienté en réformant la cité ? Oui, mais en visant la cité qui devrait être, et non celle qui fut. Le contre-révolutionnaire français classique, parce qu'il se veut thomiste en tant qu'il est catholique traditionaliste, a parfois compris qu'on ne pouvait être thomiste et maurrassien ; quand comprendra-t-il qu'on ne peut, sans incohérence, être thomiste et légitimiste ?

Sans l'assomption — qui est aussi dépassement —, par la pensée monarchiste traditionnelle, et dans son propre élément, des vertus organicistes du fascisme et du national-socialisme, la contre-révolution restera vouée à l'échec, réduite à se lamenter sempiternellement sur son infortune, à faire porter par autrui le poids de ses propres responsabilités, à se gargariser de sa bonne conscience et de ses bonnes intentions, croyant discerner une sainte fidélité dans son obstination obtuse, un esprit surnaturel dans ses chimères, une marque de sainteté rédemptrice dans les douleurs consécutives à ses aigreurs, une pugnacité prometteuse dans sa triste et dérisoire tendance à fusiller les rivaux de son propre camp.

Le temps n'est plus à finasser. Notre pauvre pays — qui dans ce domaine fait figure de lamentable pionnier et de triste modèle pour toute l'Europe — ressemble, dans toutes les sphères de pouvoir qui s'y exercent, à ses propres hôpitaux : des médecins juifs arrogants et royalement payés soignent des Arabes torchés par des Nègres, cependant que les autochtones paralysés financent tout ce beau monde en se laissant tuer à petit feu puis remplacer à grands pas par les Envahisseurs avides ; ce sont les Juifs qui depuis toujours accélèrent les processus du déclin de la chrétienté, usent d'arguments fallacieux pour faire accepter toutes les dispositions sociétales susceptibles d'abaisser la puissance des peuples qui les accueillent, avilissent les goïm et polluent leur terre, leur culture et leur sang. Mais d'où vient qu'une poignée d'hallucinés dépourvus de toute créativité, sans talent exceptionnel dans l'ordre spéculatif, artistique ou scientifique, mus par la seule énergie d'une haine bimillénaire, en viennent à dominer les peuples intellectuellement féconds ? Il en est ainsi parce que les Juifs flanqués des Francs-maçons et des crypto-marxistes sont parvenus à river les autochtones à leurs vices — hédonisme systématisé saupoudré de cette fausse légitimation morale qu'est la philosophie des droits de l'Homme — et d'abord au subjectivisme radical qui inspire de tels vices et s'actualise en eux, de telle sorte qu'ils ne peuvent plus faire le procès des fauteurs de décadence autrement qu'en faisant le procès de leur subjectivisme.

Il y a — on l'a montré plus haut — dans tout processus de décadence, des causes secondes et des causes premières ; les causes secondes sont les activités des corrupteurs conscients, les auteurs de complots organisés de longue date, tel par exemple le lancement du féminisme induisant une chute de la natalité et visant à rendre possible « en douceur » le recours supposé inévitable à une immigration de masse ; les causes secondes profitent d'une béance morbide dans le corps sain de la civilisation pour se lover en elle et l'agrandir à leur profit ; les causes premières tiennent essentiellement dans le consentement des élites traditionnelles, puis des masses, au subjectivisme, lui-même rendu possible par un déficit de pugnacité induit par une pulsion surnaturaliste génératrice d'inachèvements doctrinaux. Le peuple, jusque dans ses élites traditionnelles supposées éclairées, n'est plus capable de prendre conscience de sa propre responsabilité dans le fait de la dictature des faiseurs de décadence. Ce qui l'illustre, c'est la cécité des contre-révolutionnaires d'hier et d'aujourd'hui tout affairés à nous expliquer que ce n'est pas par excès mais par défaut de surnaturalisme que les choses vont mal : ils sont tout occupés à « mettre dans le même sac » les Mondialistes (libéraux ou communistes) et les fascistes, dans le cadre du déploiement d'une hypertrophie des théories du complot. Ainsi sont-ils persuadés que les causes secondes sont les causes premières, ce qui explique leur vocation à ne connaître que des échecs.

Cela dit, il serait pour le moins inopportun, sous le prétexte de dénoncer la pathologie complotiste oublieuse de la responsabilité des peuples victimes consentantes des complots fomentés par la Haute-Finance et la judéo-maçonnerie, d'en venir à mésestimer l'importance des causes secondes. « *Causae ad invicem sunt causae* » : fut évoquée ici plus haut (Introduction) cette réciprocation de causalité entre hédonisme ou déficit de moralité, et déchaînement des progrès techniques désordonnés. On peut en dire autant des causes secondes et des causes premières de la décadence ; la causalité amplifiante des effets sur leurs causes est réelle, et il serait vain de se contenter de tenter d'extirper, par l'unique moyen de la culture de la controverse loyale et la diffusion pacifique de la vérité, le subjectivisme gangrenant les esprits. Il faudra préalablement traquer sans pitié les causes instrumentales de dégénérescence et de pourrissement des esprits et des mœurs, parce que les fossoyeurs polymorphes de ce qui est encore à sauver dans ce monde malade, étant en passe de faire disparaître de manière irréversible trois mille ans de civilisation, sont animés par une impudence et un sentiment d'impunité proprement diaboliques ; *c'est la maladie du subjectivisme qui a rendu efficace la causalité des causes secondes, mais c'est l'efficience de ces dernières qui aujourd'hui empêche les esprits malades de se libérer du subjectivisme.* On ne fera probablement pas, dans cette perspective — sans toutefois céder à l'ivresse malsaine de la violence gratuite, laquelle est signe de cette décadence que, par elle, on prétend combattre — l'économie d'une période de terreur — la crainte est le commencement de la sagesse —, afin de répondre aux actes terroristes dont l'entreprise de salut de l'Occident chrétien sera certainement la victime, et il faudra commencer par là, mais du sein de l'exercice d'une dynamique révolutionnaire excluant que l'on fasse retour à l'avant historique rêvé de la décadence.

ANNEXE

Quelques réflexions de bon sens concernant la question de l'autorité de l'actuel occupant du Saint-Siège

Le magistère de l'Église (entendons : des hommes d'Église) est-il **par soi** infaillible en ce qui concerne la foi et les mœurs ?

1) Si tel est le cas, d'où vient que l'Église ait pris soin de définir les conditions de son infaillibilité (conditions du magistère solennel, ou bien assurance de ce que ce qui est proposé à croire est fondé sur la Révélation)[27] ? Si le magistère était par soi infaillible, il le serait sans conditions supplémentaires.

2) Mais s'il n'est pas toujours infaillible, c'est qu'il peut être faillible, qu'il l'est parfois, quand les conditions d'infaillibilité ne sont pas vérifiées. S'il peut être faillible en matière de foi et de mœurs, c'est qu'il peut enseigner l'erreur sans cesser d'être un magistère.

3) Cela dit, il est infailliblement enseigné (par exemple dans *Auctorem fidei* de Pie VI) que l'Église ne peut pas promouvoir un magistère (avec ou sans notes d'infaillibilité), des mesures disciplinaires ou des rites, qui feraient perdre la foi, ou qui seulement pourraient l'affaiblir.

4) Dès lors (cf. 2 et 3), un magistère pourrait ponctuellement enseigner l'erreur en matière de foi et de mœurs sans nécessairement faire perdre la foi. Pourtant la foi est une, simple, le rejet d'une seule vérité entraîne celui de la foi tout entière. Donc un magistère ne saurait, en matière de foi et de mœurs, contenir quelque erreur que ce fût ; tout au plus peut-il

---

[27] Vatican I : *Pastor Æternus*, *Dei Filius* ; Léon XIII : *Satis cognitum*.

éventuellement présenter la vérité de manière partielle, maladroite, équivoque, unilatérale, selon des formules amendables, mais il ne peut enseigner l'erreur. Ce qui revient à dire qu'il est au fond par soi infaillible : ce qui ne peut enseigner l'erreur ne peut enseigner que la vérité, et ce qui ne peut enseigner que la vérité est par définition infaillible.

5) Mais il a été remarqué (cf. 1 et 2) qu'il ne peut être par soi infaillible, du fait qu'il a pris soin de définir les conditions de son infaillibilité.

6) Donc il faut distinguer, pour concilier les exigences notées 4 et 5, entre vrai magistère (vérité ontologique) et magistère vrai (vérité logique). De même qu'une loi injuste n'est pas une loi, de même un magistère faux n'est pas un vrai magistère, quand bien même il est formulé dans les formes canoniques du magistère ; ce peut être un vrai magistère même sans les notes d'infaillibilité, mais ce qui garantit que c'est un vrai magistère, consiste dans ces notes mêmes, ou dans le fait qu'il se contente de reprendre ce qui a déjà été défini dogmatiquement par le passé[28]. Et qu'il soit un faux magistère est aisément repérable par le fait qu'il s'exerce non « *in persona Christi* » mais « *in persona populi* ». Vatican II s'exerce « *in persona populi* » parce qu'il se refuse à enseigner dogmatiquement, à imposer la vérité, faisant le choix d'édulcorer la vérité ou même de la dénaturer pour des raisons apostoliques, ainsi en s'efforçant à plaire au peuple et aux médiats. Vatican II n'est pas un vrai magistère, n'est pas un vrai enseignement, il n'enseigne rien.

7) Une autre raison pour discerner en lui un faux magistère est qu'il suggère des nouveautés relevant de l'hérésie, tout en

---

[28] Pour cette raison, bien que le *Commonitorium* de saint Vincent de Lérins ne soit pas la définition adéquate d'un vrai magistère, il peut « *quoad nos* » servir de critère, en tant que condition suffisante, de la vérité ontologique d'un magistère.

maintenant explicitement qu'il se contente de prolonger tout l'enseignement bimillénaire de l'Église qu'il ratifie expressément, signifiant par là qu'il n'y aurait pas de contradiction entre ce qu'il enseigne et ce qui fut enseigné, et que la compatibilité entre les deux, si elle n'est pas évidente aujourd'hui, le sera un jour, et que le fait de la possibilité de cette compatibilité doit être tenu pour acquis. Or il y a contradiction objective entre ce qu'il ajoute en propre et ce dont il fait mémoire, de sorte que ce qu'il prescrit est inintelligible ; et ce qui est inintelligible n'est pas un enseignement faux mais un faux enseignement.

8) Il demeure que, si l'on se refuse à adopter la distinction entre faux magistère et magistère faux, alors, aussi longtemps qu'il n'a pas été établi que l'occupant du Saint-Siège a été élu dans des formes irrégulières, on doit adhérer à Vatican II, on doit considérer que la contradiction entre magistère passé et magistère actuel est « *quoad nos* » et non « *in se* », puisque le magistère est par essence norme prochaine de la foi. Le fidèle ne saurait faire de sa propre intelligence éclairée par la foi la mesure de la rectitude du magistère ; avoir la foi consiste à croire tout ce que l'Église enseigne infailliblement, en se fondant sur l'autorité de celui qui enseigne.

9) Par suite, si l'on admet la distinction entre faux magistère et magistère faux, alors, quand un magistère contient des erreurs, c'est soit parce qu'il a été promulgué par un antipape (défaut d'autorité), soit parce qu'il a été promulgué par un vrai pape procédant à une rétention de son autorité. Cela dit, on ne peut s'autoriser, compte tenu de ce qui précède (8), à discerner une contradiction dans un enseignement magistériel, qu'en remettant en cause, de manière hypothétique mais publique, au titre de préalable méthodologique à la critique, l'authenticité de l'autorité qui le promulgue. C'est là ce que veulent méconnaître la FSSPX et Mgr Williamson. Il est clair que la raison humaine est naturellement faite pour la vérité, qu'elle est infaillible quant à son objet propre, et qu'elle est capable de

constater une contradiction qu'elle sait insurmontable entre magistère de toujours et Vatican II ; il demeure que l'autorité du magistère, si c'est un vrai magistère, est plus grande que l'autorité de la simple raison. C'est pourquoi, pour s'autoriser à juger ce qui se présente à elle comme un magistère, la simple raison doit publiquement poser la question de l'autorité de l'auteur d'un tel magistère. Et un tel réquisit exclurait toute manœuvre « ralliériste ».

10) On peut aussi se dispenser de distinguer entre faux magistère et magistère faux si, face à un magistère supposé contenir des erreurs, on s'aperçoit qu'il est possible de l'interpréter dans le sens de la Tradition, quelques raisons légitimes que l'on ait de considérer que les équivocités et maladresses qu'il contient ont été introduites pour rendre possible la diffusion de l'erreur. C'est, au vrai, un exercice auquel les défenseurs ultramontains de l'extension maximale de l'infaillibilité pontificale convient autoritairement les fidèles thomistes désemparés tant par l'esprit théocratique d'*Unam Sanctam* de Boniface VIII que par l'esprit démocratique et inchoativement personnaliste de *Divini illius Magistri* de Pie XI ou de *Inter Sollicitudines* de Léon XIII. Il sera revenu sur ces points plus bas.

11) Il semble que, avec beaucoup de « bonne volonté » (ou d'irénisme, ou de mauvaise foi), il soit possible de lire Vatican II à la lumière de la Tradition, pour autant que l'on s'impose la même torture intellectuelle dans cette épreuve que celle qu'on s'impose pour lire *Unam Sanctam* et *Divini illius Magistri* en se voulant thomiste. Les principaux sujets de litige sont la liberté religieuse (*Dignitatis Humanae*), la question du « *subsistit in* » de *Lumen Gentium*, et les fausses religions comme moyen de salut (*Unitatis Redintegratio*). Il va de soi, cependant, que le vrai catholique sait parfaitement que Vatican II est pervers dans son esprit, que ses ambiguïtés sont intentionnelles, et qu'il doit être rejeté en bloc. Toute la question est de savoir si, pour ce faire, il faut être sédévacantiste en acte, ou si la logique

et/ou la prudence conduisent à adopter le sédévacantisme opinioniste.

12) Dans *Dignitatis Humanae*, il est dit que la liberté religieuse est un droit, et que ce droit serait fondé sur la Révélation, ce qui semble bien constituer là une preuve de ce que quelque chose d'hérétique est formulé dans les formes de l'infaillibilité. Pourtant, quelques lignes plus bas, il est déclaré que le droit à l'immunité en matière religieuse n'est pas à proprement parler fondé sur la Révélation. Il est clair que le droit à l'immunité est une même chose avec le droit à la liberté religieuse, et que deux expressions distinctes sont employées là pour tenter de celer l'acte de se déjuger qui y est manifesté. Les auteurs de Vatican II (ou certains d'entre eux) voulaient induire en erreur, mais ils ne voulaient pas — par efficacité dans la perversité, ainsi pour ne pas avoir à affronter un franc rejet — montrer qu'ils le faisaient, et c'est pourquoi ils furent contraints de tenir des propos qui, à la limite, peuvent être tenus pour orthodoxes.

13) Dans *Lumen Gentium*, il est à l'extrême rigueur possible de se souvenir, pour l'interpréter de manière catholique, de la remarque suivante : « Comme Louis Cognet l'a très bien montré, à propos de l'ecclésiologie de Port-Royal, les augustiniens partaient, non de l'Église comme société visiblement constituée, mais du plan éternel de Dieu, du choix que celui-ci a fait librement, gratuitement, de ses élus, de son Église. Ce point de départ est proche de celui de Vatican II, dans la constitution *Lumen Gentium*. Pour les augustiniens, la présence ou non de la grâce aujourd'hui et de la gloire demain, crée un abîme entre deux catégories d'hommes : pas seulement une différence de degré, mais une différence de nature. Pour Montfort comme pour eux, seuls font partie de l'Église ceux qui sont déjà sauvés, ceux qui demain seront glorifiés » (*Ce que croyait Grignon de Montfort*, Louis Perouas, Mame, 1972, p. 180). Dans cet ordre d'idée, tout catholique admet qu'il y a maints

catholiques hors du cercle visible de l'Église, tout comme il y a probablement des damnés qui font actuellement partie de l'Église visible. Si la formule incriminée par les traditionalistes signifie que l'Église entendue comme Corps mystique du Christ subsiste dans l'Institution hiérarchique de l'Église, mais ne coïncide pas *visiblement* avec elle, ce texte ne s'oppose pas à *Mystici Corporis Christi*. Le même traditionaliste a de bonnes raisons de penser que les auteurs de la formule « *subsistit in* » ont voulu insinuer une hérésie, à savoir que l'Église serait là où l'Esprit soufflerait, et qu'Il soufflerait dans toutes les religions. De même l'idée d'« Église-sacrement », promue pour signifier que l'Église hiérarchique ne serait que le signe visible d'une réalité invisible enveloppant au fond toutes les religions ; mais cette idée même peut être comprise dans un sens orthodoxe, tout comme le « *subsistit in* ». Dans la prière qui suit la deuxième lecture (sur douze) de la liturgie de la veillée pascale qui avait cours sous le règne de saint Pie X, il est bien question d'Église-sacrement.

14) Dans *Unitatis Redintegratio*, il est déclaré que l'Esprit-Saint ne refuse pas de se servir des autres religions comme moyens de salut, ce qui est encore une hérésie si l'expression signifie, comme le voulaient insinuer discrètement les auteurs de Vatican II, que l'Esprit-Saint pourrait souffler dans toutes les religions en tant que religions, ainsi inspirer ce dont, pourtant, le constitutif formel n'est autre que le refus de l'Esprit-Saint. Mais l'expression peut encore être comprise dans un sens catholique : l'Esprit-Saint fait providentiellement feu de tout bois en se servant, au titre de cause instrumentale extrinsèque à l'exercice de l'acte de foi, de ce qu'il peut y avoir encore de conforme à l'ordre naturel dans les fausses religions. On pourrait ainsi multiplier les exemples et prendre l'un après l'autre tous les points de litige entre Vatican II et les critiques du catholique traditionaliste, c'est-à-dire du catholicisme intègre.

ANNEXE

15) Ce qu'il convient de noter, c'est que cet appel à la « bonne volonté » pour lire Vatican II à la lumière de la Tradition ne requiert pas plus de contorsions intellectuelles pénibles que par exemple l'opération consistant à lire *Unam Sanctam* à la lumière du thomisme : si l'homme est par nature animal politique autant qu'il est par nature père de famille, alors, de ce que l'autorité paternelle est directement communiquée au père par sa nature humaine sans qu'il soit besoin de la solliciter de l'Église, de même l'autorité du chef d'État lui est directement communiquée par sa nature politique aussitôt qu'il ordonne efficacement son pouvoir au bien commun ; de ce que l'Église, dépositaire privilégié des grâces divines, est cause finale de l'appartenance politique, il ne résulte pas qu'elle en serait cause efficiente, ce qui est pourtant enseigné de manière au moins implicite dans *Unam Sanctam*. Cette bulle est infaillible dans sa dernière phrase (être soumis au pape pour obtenir le salut), mais cela ne signifie pas qu'elle serait infaillible dans son enseignement théocratique.

16) De même :

Extrait de *Divini illius Magistri* de Pie XI (1929), avec commentaire :

« De cette mission éducatrice, qui appartient avant tout à l'Église et à la famille, comme il ne peut provenir (Nous l'avons vu) que de grands avantages pour la société tout entière, ainsi il n'en peut résulter aucune atteinte aux droits authentiques et personnels de l'État, sous le rapport de l'éducation des citoyens, selon l'ordre établi par Dieu.

Ces droits sont communiqués à la société civile par l'auteur même de la nature, non pas à un titre de paternité, comme à l'Église et à la famille, mais en vertu de l'autorité sans laquelle elle ne peut promouvoir ce bien commun temporel, qui est justement sa fin propre. En conséquence, l'éducation ne peut appartenir à la société civile de la même manière qu'à l'Église et à la famille, mais elle lui appartient dans un mode différent en rapport avec sa fin propre.

Or, cette fin, ce bien commun d'ordre temporel, consiste dans la paix et la sécurité dont les familles et les citoyens jouissent dans l'exercice de leurs droits et en même temps dans le plus grand bien-être spirituel et matériel possible en cette vie, grâce à l'union et à la coordination des efforts de tous.
La fonction de l'autorité civile qui réside dans l'État est donc double : protéger et faire progresser la famille et l'individu, mais sans les absorber ou s'y substituer.
En matière donc d'éducation, c'est le droit, ou, pour mieux dire, le devoir de l'État de protéger par ses lois le droit antérieur défini plus haut qu'a la famille sur l'éducation chrétienne de l'enfant et, par conséquent aussi, de respecter le droit surnaturel de l'Église sur cette même éducation. »

Commentaire :

Selon ce texte, la fonction de l'État, c'est sa fin, et sa fin est de protéger et de faire progresser la famille et l'individu ; or protéger et faire progresser, c'est être instrument de ce qu'on protège, et être instrument c'est être moyen. La fin de l'État est donc d'être le moyen de la famille et de l'individu. On est loin de saint Thomas : « *totus homo ordinatur ut ad finem ad totam communitatem cujus est pars* » (*S. Théol.* II^a II^{ae} q. 65 a. 1). C'est là du personnalisme et la sécrétion d'un orgueil ecclésiastique destiné à transformer le politique en instrument de la volonté de puissance des clercs tout affairés, pour l'affaiblir, à réduire l'État au statut d'instrument de ses parties (familles et individus) ; c'est réduire le bien commun à l'intérêt général. Ces papes ont bien travaillé pour la subversion, ils ont objectivement œuvré en faveur de Vatican II et de la déchristianisation de la société, ils ont perdu sur tous les tableaux. Et ils voudraient encore nous donner des leçons de morale et de philosophie, nous tancer, nous faire plier, et exiger une confiance aveugle, en excluant qu'ils puissent jamais tomber dans le travers des abus d'autorité... C'est cet enseignement surnaturaliste que le pauvre abbé Beauvais, pourtant « degrellien », a cru bon de développer dans sa conférence lors d'un défilé (2015) en hommage à sainte Jeanne d'Arc, dans le cadre des activités de Civitas. Quand on lit attentivement le passage plus haut cité, il est clair qu'aux yeux de Pie XI la fin (donc l'essence) de l'État, cause formelle de la société (forme et fin s'identifient dans les réalités vivantes), est

ANNEXE

constituée par son *devoir* : l'État n'a que des devoirs et la famille et l'individu n'ont que des droits, et ces devoirs sont au service des droits de la famille et de l'individu. Le bien commun est réduit à l'ensemble des conditions de coexistence des biens particuliers, pour autant que ces derniers soient vertueux ; c'est bien là l'intérêt général et non le bien commun (auquel un Marcel Clément, fondateur de l'IPC, n'a jamais rien compris), c'est bien là une subordination de la politique à la morale, et c'est bien là cautionner (dans le sillage strict de Pie XI) la bénédiction des « droits de l'homme » qui sera opérée par les modernistes. Et c'est déjà ce que faisait Mgr Lefebvre (dans *Ils l'ont découronné*) lorsqu'il en appelait contre l'ingérence de l'État athée à l'existence de « droits subjectifs », droits naturels qui devraient être garantis par les « droits objectifs » (les lois), dans le sillage de Grotius (XVIIe siècle, fondateur de la conception moderne du droit naturel) et de Pufendorf (XVIIe siècle, théoricien du droit naturel moderne, inspirateur de J. J. Rousseau), et de leur conception subjectiviste du droit. Dans cette perspective, Vatican II est bien un « deuxième Ralliement ». Et il est impossible de développer un discours antimoderniste cohérent sans revenir sur ce qui *précède* Vatican II. Et c'est ce que ni Mgr Williamson ni la FSSPX ni les sédévacantistes ne sont prêts à faire. C'est parce qu'ils ne veulent pas le faire que la FSSPX est ralliériste, que la « Résistance » le sera un jour, et que les sédévacantistes sont sédévacantistes ; ces derniers sont tels pour se préserver (en se fondant sur des raisons abusives) de la pente ralliériste à laquelle (ils le sentent) les dispose l'acceptation inconditionnelle du magistère antérieur à Vatican II ; et ils sont bien obligés de l'accepter puisqu'ils tiennent pour certain que tout ce qui est dit dans les formes du magistère ordinaire doit être reconnu comme un vrai magistère, par là comme un magistère vrai. Et Mgr Williamson ne veut pas entendre parler ne serait-ce que de l'hypothèse sédévacantiste parce qu'il croit tirer sa légitimité de sa fidélité à la lettre du lefebvrisme, alors que ce sont les ambiguïtés du lefebvrisme, solidaires du refus de réviser l'avant de Vatican II, qui sont la cause des turbulences qui secouent la FSSPX aujourd'hui.

La vraie raison du Politique est ceci : l'individu humain n'est qu'une individuation de sa nature, or la nature a raison de cause efficiente et de cause finale immanente, donc l'individu est naturellement ordonné à l'actuation des virtualités de sa nature, or cette actuation est plus parfaite dans la cité que dans l'individu, donc la cité a raison de fin pour l'individu, non de fin dernière mais de fin quand même. La sociabilité a raison de fin, d'une certaine façon, jusque dans la vision béatifique, parce que Dieu est une Société. Et la politique a raison de fin pour la morale, en se faisant certes — contre tout machiavélisme — un devoir de ne dépasser la morale qu'en l'assumant. Conclusion : il y a bien des abus d'autorité opérés par ces papes dans les formes du magistère pontifical, relatifs aux mœurs (sinon à la foi), c'est-à-dire relatifs à ce sur quoi normalement l'Église est infaillible ; donc le magistère ordinaire (auquel appartient le magistère pontifical, lequel, à tout le moins, a une valeur égale à celle du magistère ordinaire universel, puisqu'il est le magistère ordinaire du premier des évêques) peut être un faux magistère (défaut de vérité ontologique du magistère) ; de ce fait, l'argument principal des sédévacantistes se fragilise : les abus d'autorité peuvent aller très loin, sans que l'autorité ne soit nécessairement disparue. On est en droit de penser que les sédévacantistes sont surnaturalistes (ils ne font pas tout son droit à la nature politique de l'homme, ils ne conçoivent l'intromission de la surnature qu'au détriment de la nature, en inversant le rapport naturel de subordination entre morale et politique). Effrayés par la croix d'une réalité ecclésiale éminemment complexe en laquelle il est bien difficile de saisir la rose de la rationalité, ils ont tendance, sous des dehors d'intransigeance dominant les mouvements passionnels, à substituer à la réalité historique de l'Église les schémas idéaux d'une représentation unilatéralement juridique de cette dernière, qui leur permettent de trancher les différends sans avoir à supporter l'épreuve — laquelle suppose de jouir d'un solide système nerveux — du doute et de l'expectative. Et c'est pourquoi, en esprits conditionnés par des habitus volontaristes inavoués, ils basculent si facilement, quand ils sont sédévacantistes en acte, dans le ralliement, en allant d'un extrême à l'autre, passant brutalement du sédévacantisme à la soumission inconditionnelle au concile. Par ailleurs, quand il est ici question d'abus d'autorité, il faudrait, en rigueur, parler de défaut d'autorité, car il s'agit d'un abus de l'usage des formes (en l'occurrence celles du magistère ordinaire universel, magistère des évêques en droit dispersés) en lesquelles se coule le magistère ordinaire, ainsi d'un abus de l'usage des apparences d'un vrai magistère, et non d'un abus de l'usage de ce magistère lui-même.

ANNEXE

Cela dit, avec beaucoup de bonne volonté là aussi, il est possible de suggérer que Pie XI rappelle une vérité certes tronquée mais réelle en insistant sur le fait que la société est pour l'homme en dernier ressort, et qu'elle est moyen : elle a raison de fin (ce que Pie XI ne dit pas, et ce que les thuriféraires de Pie XI se garderont de rappeler), mais non de fin ultime, en ce sens que la fin du politique est elle-même le salut, qui est individuel ; de plus, bien qu'ayant raison de fin par rapport à ses parties, le tout social peut se faire le moyen de la santé de ses parties, dans son propre intérêt ; il se fait le moyen de ce dont il est la fin, puisque le bien commun n'existerait pas si les biens particuliers étaient délaissés.

17) On voudra donc bien noter que Vatican II pourrait à la limite rentrer dans ces espèces de formules magistérielles imparfaites et équivoques, dont l'imperfection ne suffit pas pour qu'il soit permis d'en déduire qu'elles auraient été formulées par des antipapes. Nulle personne de bonne foi ne peut croire que Vatican II serait innocent, que son esprit serait catholique, que ses promoteurs voulaient le bien de l'Église. Il y avait des imbéciles et/ou des naïfs qui subjectivement voulaient le bien de l'Église et qui croyaient œuvrer pour une nouvelle Pentecôte, ils avaient une fausse intelligence de leur foi mais ils avaient la foi ; il y avait aussi des Juifs et des marxistes, des protestants et des maçons infiltrés qui voulaient la mort de l'Église. Le résultat concret, c'est cet ensemble de textes peu cohérents, manifestement rédigés par des personnes qui ne pensaient ni ne voulaient la même chose, équivoques, dangereux, et à rejeter en bloc. Mais cela ne suffit pas pour être certain que les occupants du Saint-Siège entre 1959 et aujourd'hui n'avaient pas l'autorité.

18) Plutôt que de se rallier à la solution esquissée ici (cf. 6 : distinction entre vrai magistère et magistère vrai), on peut aussi, pour sauver le sédévacantisme, suggérer que si toutes les déclarations magistérielles ne sont pas dotées explicitement des notes attestant leur infaillibilité, néanmoins ces critères d'infaillibilité sont toujours implicitement respectés : ou bien le pape aurait toujours l'intention d'obliger, parlerait toujours en tant

que docteur universel, ou bien il déclarerait toujours implicitement que ce qu'il enseigne est fondé sur la Révélation.

Là contre, force est de faire observer que si tel était bien le cas, les papes Pie IX et Léon XIII ci-dessus évoqués se seraient bien mal exprimés. Plutôt que de dire que le magistère est infaillible quand il présente comme fondé sur la Révélation (orale ou écrite) ce qu'il propose à croire, ils auraient dû formuler leur enseignement comme suit : le magistère (entendons : ce qui est exprimé dans les formes juridiquement magistérielles) est toujours infaillible en tant même que magistère, parce que, *étant la Tradition même (l'acte même de transmettre le dépôt révélé aux premiers apôtres)*, il est nécessairement conforme à et fondé sur le contenu objectif de ce dépôt.

Mais c'est là une pétition de principe : ce qui est enseigné dans les formes magistérielles serait toujours conforme à l'enseignement de la Tradition parce qu'il devrait être tenu, en vertu de ces formes, telle l'expression de cette Tradition. S'il y a identité entre l'objet et la formule qui l'exprime, il n'y a plus lieu, en effet, de s'interroger sur les conditions d'adéquation entre l'objet et le discours ; mais c'est précisément ce qui est en question et, en l'occurrence, si l'Église a bien laissé entendre que le magistère *est* la Tradition, elle a aussi pris soin d'enseigner qu'elle est habilitée à déclarer, pour circonscrire les conditions d'infaillibilité de son enseignement, que ce magistère est *conforme à et fondé sur* la Tradition, de telle sorte que ledit magistère doit être tenu pour identique à ce à quoi il se déclare adéquat, par là pour identique à ce dont il se distingue ; et cette contradiction est levée si et seulement si l'on comprend ceci : ce qui est exprimé dans des formes magistérielles n'est pas nécessairement, ou à raison de ces formes juridiques mêmes, un vrai magistère, et sous ce rapport il convient de chercher une adéquation de ce dernier à la Tradition ; mais, s'il se révèle conforme à elle, alors il est un vrai magistère, de sorte qu'il est la Tradition même. Un vrai magistère ne saurait sans contradiction être conforme à (soit : différent de) ce à quoi il est identique ; mais tout ce qui a la forme juridique d'un magistère n'est pas par là un vrai magistère. C'est cette « troisième voie », ici exposée, entre lefebvrisme et sédévacantisme, qui permettrait, sinon de réconcilier les deux écoles, à tout le moins de rendre possible leur coexistence et même leur collaboration dans l'apostolat, et qui de plus permettrait de conjurer le tropisme ralliériste qui ne manquera pas de s'emparer de la « Résistance » quand elle se mettra à réfléchir un peu sur la pertinence de ses postulats (qui sont ceux de la FSSPX) ; il est vrai que cette équipe « résistancialiste », tout affairée à revendiquer l'héritage d'un lefebvrisme idéalisé et durci par les besoins du moment, ne se paie guère le luxe de penser de manière sélective et critique, de sorte qu'elle est relativement immunisée contre le tropisme ralliériste ; mais les choses changeront quand une nouvelle génération prendra la relève, qui sortira peut-être du séminaire d'Avrillé dont l'argumentaire sédéplèniste n'est guère convaincant, de sorte qu'une telle génération sera tôt ou tard placée dans le dilemme auquel sont confrontés les dirigeants actuels de la FSSPX[29].

---

[29] Les dominicains d'Avrillé, de concert avec Mgr Williamson et Mgr Tissier de Mallerais, excluent *a priori* l'hypothèse sédévacantiste, tout en étant conscients du fait que le magistère est norme prochaine de la foi, que donc il serait méthodologiquement nécessaire — pour les raisons ici exposées — de formuler une telle hypothèse pour seulement commencer à critiquer Vatican II. Pour se dispenser de prendre au sérieux le raisonnement qui est ici proposé, ils s'accrochent à l'idée suivante :

Il n'y aurait pas, dans leur perspective sédéplèniste en acte, l'Église catholique qui est à Rome mais qui est malade du modernisme (lequel a dans ce cas raison de privation : la maladie est privation de la santé, elle est ontologiquement suspendue à la perfection qu'elle conteste), il y aurait deux Églises, l'Église catholique et l'Église conciliaire, numériquement distinctes quoique « *materialiter* » intimement mêlées dans les faits, et l'occupant du Saint-Siège serait le chef des deux. Aussi n'y aurait-il pas lieu d'être troublé par le dilemme ici évoqué (dont les termes sont les suivants : α. s'il est pape, l'occupant du Saint-Siège doit être obéi à peine de faire de l'intelligence du contestataire la norme de ce qui se propose à lui comme la

D'une certaine façon, tout sédévacantiste — qui en tant que sédévacantiste en acte tient pour acquis que le magistère ordinaire universel serait par soi infaillible aussitôt qu'il traite de sujets relatifs à la foi et aux mœurs — est confronté au « cercle » logique suivant :

Devant que de poser, pour en inférer à la vacance du Saint-Siège, l'acte d'un jugement réprobateur sur le contenu d'un magistère, par là de se faire le juge de ce qui est en droit norme prochaine de sa foi, le sédévacantiste se doit de supposer le siège apostolique vacant pour s'autoriser à repousser ce qui se présentait à lui comme un magistère, cependant que c'est le jugement réprobateur qu'il formule qui l'habilite à tenir le Siège pour vacant ; et c'est là une pétition de principe, laquelle n'est levée que si l'on peut douter d'un enseignement magisté-

---

norme prochaine de sa foi, ainsi de son intelligence éclairée par la foi ; ß. si l'on peut légitimement contester un enseignement erroné qui se veut magistériel, on doit au moins faire l'hypothèse de la vacance) ; en tant que chef de l'Église catholique, le pape doit être obéi en toute chose relevant du magistère ; en tant que chef de l'Église conciliaire il peut être contesté.

La difficulté de cette position de repli est la suivante : si le même homme est chef de l'Église et de la Contre-Église, il est, en tant que chef de la seconde, *ipso facto* exclu de la première (il faut appartenir à l'Église pour être catholique, et l'on ne saurait être catholique en se voulant anticatholique), et, n'étant pas catholique par le fait même de cette exclusion, il n'est pas pape. On dira qu'il est chef d'une Contre-Église sans savoir qu'il l'est, parce qu'il ignore la différence réelle existant entre les deux du fait de leur intime imbrication lui faisant accroire qu'il n'en est qu'une seule (la catholique), de sorte qu'il ne serait pas hérétique « *pertinax* » ; dans ce cas, force est de reconnaître qu'il n'existe pas deux Églises (la catholique et la conciliaire) numériquement distinctes, mais une seule, et que l'Église conciliaire a raison de privation dans l'Église catholique ; et s'il est chef d'une Église conciliaire — ainsi d'une Contre-Église — réellement distincte de l'Église catholique mais intimement fondue en elle, on ne peut maintenir le caractère réel et objectif de leur différence que s'il sait qu'il est chef des deux, mais alors il est *ipso facto* hérétique « *pertinax* », et il n'est pas pape.

riel sans nécessairement tenir pour nulle l'autorité qui le promulgue ; ce qui revient à dire qu'on ne peut s'autoriser, *dans les circonstances actuelles*, à se soustraite au caractère coercitif d'un magistère problématique, *qu'en n'étant pas sédévacantiste en acte*.

D'aucuns, à l'inverse, contestent que la simple hypothèse du sédévacantisme puisse jamais être formulée, pour la raison que, disent-ils, l'Église devant durer jusqu'à la fin du monde (les portes de l'enfer ne pouvant prévaloir contre elle), et l'existence de l'Église supposant celle d'un pape, alors il devrait y avoir un vrai pape jusqu'à la fin du monde.

Là contre, souvenons-nous de l'enseignement d'Aristote, au livre II de sa *Physique*. Il définit la nature (*phusis*) comme « principe du mouvement et du repos pour la chose en laquelle elle réside immédiatement (ou premièrement), par essence et non par accident » ; cette formule peut en droit désigner autant le mouvement substantiel (la « *permutatio* » des thomistes) que les mouvements selon le lieu, la qualité ou la quantité ; quand, dans le mouvement selon la génération, une chose est investie par une certaine nature, elle reçoit un acte auquel elle s'assimile, et ainsi elle devient une nouvelle substance. La causalité en général, c'est l'acte du moteur en tant qu'il est dans le mobile ; elle est donc la communication d'une actualité à laquelle le mû ou récepteur se conforme progressivement. Et dans sa *Métaphysique* (livre IX), le Stagirite déclare que la nature entre dans le genre de la puissance active, en tant qu'elle est principe de mouvement non dans un autre ou dans le même en tant qu'autre, mais dans le même en tant que même. *On comprend bien là que la vraie cause efficiente est la « phusis »* ; telle est par exemple la nature du père (commune au père et au fils), de sorte que le père est dit cause (efficiente) du fils, mais seulement au sens où il est l'opérateur de l'exercice de la cause efficiente (la nature communicable) : la nature humaine individuée ou hypostasiée dans le père se donne en lui le mode d'être par lequel elle se fait l'opérateur de sa propre communication ad extra. Le père peut bien être dit lui aussi cause efficiente, en tant qu'il est une individuation de cette nature, ou cette nature même en tant qu'individuée ; mais c'est en tant que principe de communication de sa propre nature vouée à être individuée dans le fils, que le père est dit cause efficiente.

Aussi, par analogie, on peut bien dire que le roi est cause efficiente de la cité, mais, en vérité et plus philosophiquement, c'est la nature humaine (nature politique) immanente à tout homme (dirigeants et dirigés) qui est au sens plein cette cause efficiente de la cité ; une telle nature invite les hommes à tendre inchoativement, spontanément, les uns vers les autres ; mais l'exercice spontané de cette tendance (qui « travaille » en chaque homme de manière inconsciente ou non réfléchie) requiert l'existence d'un chef, ainsi d'une intelligence et d'une volonté en lesquelles une telle tendance ou puissance active prend conscience de soi ou se personnifie, car si la nature politique de l'homme fait tendre les hommes à l'unité *spontanément*, une telle unité, pour être pérenne, doit être *réfléchie*, prendre la forme d'un projet (pensé par le chef) en lequel sont précisées les modalités d'une telle unité dans la diversité, définitionnelle d'un bien commun. La vraie cause efficiente est donc bien la nature humaine (en tant que l'homme est par nature un animal politique), bien qu'il soit (si l'on peut ainsi parler) dans la nature de cette nature de requérir la personnalité pour se rendre communicable, et/ou pour se faire le sujet d'exercice de sa propre efficience ; on peut parler de cause efficiente entitative pour désigner la nature politique de l'homme, et de cause efficiente opérative pour désigner le rôle du chef. Et c'est parce que la nature humaine est immanente à tous que son bien propre (le bien commun de tous) peut avoir raison de cause finale pour tous : les appétits d'un être procèdent de sa nature et ramènent à elle, de sorte qu'elle se veut en lui, et qu'il aime le bien de cette nature en tant qu'il lui est rapporté. Et c'est pourquoi les philosophies politiques enseignant que le roi serait cause efficiente au sens strict, sont incapables de faire du bien commun la cause finale de la cité, et en viennent ultimement à subordonner le bien de la cité au bien vertueux de l'individu (augustinisme politique).

En appliquant ce raisonnement, *mutatis mutandis*, à l'Église, on peut dire, en se souvenant que la cause efficiente procède proleptiquement de la cause finale (elle est la cause finale elle-même, en tant qu'elle s'anticipe dans la cause motrice), que la foi, communiquée par l'Esprit-Saint fondateur de l'Église, est le bien commun de l'Église, et qu'il en est du pape par rapport à la foi comme il en est du chef par rapport à la nature politique de l'homme. La différence vient de ce que la foi n'est pas intrinsèque à l'homme comme l'est sa nature, mais on peut remarquer que si la foi excède la nature, en retour il est contre nature de refuser la foi (*S. Théol.* II^a II^{ae} q. 10 a. 1) ; aussi la foi peut-elle avoir pour les membres de l'Église la fonction de cause efficiente et de bien commun, le bien ultime de l'Église étant la Vision.

Dès lors, sans pape, l'unité de l'Église va mal, comme une nation sans chef, mais une nation peut subsister longtemps sans chef, parce que la nature politique de l'homme immanente à chaque membre de la « *polis* » appelle d'elle-même la désignation d'un chef, et peut suffire à garantir l'unité de la multitude en période d'interrègne. Et de même, qu'il n'y ait plus de pape à la fin des temps n'exclut pas qu'il y ait Église, même si, en l'état, elle ne peut qu'être très malade.

Le raisonnement qui précède n'entend pas signifier que la question du pape serait secondaire dans la crise de l'Église. Pour certains, de même que le bien commun politique est premier principe d'unité de la multitude sociale quand bien même la société aurait un mauvais chef ou même en viendrait un temps à ne plus avoir de chef, de sorte qu'il est possible d'affirmer qu'en rigueur la question du chef et de son autorité est secondaire par rapport au bien commun, de même, pour les partisans d'une telle analogie entre cité profane et Église, le bien commun de l'Église, à savoir la foi, est premier principe d'unité — ainsi d'existence — de l'Église, quand bien même on aurait un mauvais pape, voire pas de pape du tout, *de sorte qu'il serait possible d'affirmer qu'en rigueur la question du pape et de son autorité serait secondaire par rapport à celle de l'intégrité du dépôt de la foi.* Mais il existe une différence essentielle entre la société politique et l'Église. Dans la société politique, la conception que le chef se fait du bien commun n'est pas le critère de la juste définition du bien commun, qu'il s'agisse du bien commun en général ou du bien commun *hic et nunc*, et c'est pourquoi l'on peut désobéir à un chef qui erre sans trop se préoccuper de lui, et revendiquer son appartenance à une telle société tout en désobéissant à un tel chef. En revanche, dans l'Église, au rebours de ce qui vaut pour la société politique (ce n'est pas la soumission au prince qui fait le constitutif formel de l'appartenance à la cité), c'est l'adhésion à l'enseignement du pape qui, en droit, définit le contenu de ce bien commun surnaturel qu'est la foi, par là la catholicité, et de ce fait l'appartenance du fidèle à l'Église : appartient au dépôt de la foi ce que le pape déclare être tel. C'est pourquoi, même si le bien commun de l'Église peut subsister sans pape, il reste que, aussi longtemps que quelqu'un revendique le statut de pape, la question du pape demeure essentielle dans la vie du catholique.

TABLE DES MATIÈRES

Introduction 9

I   La nature et la surnature 15

II   La possibilité d'une intelligence de la foi, critère de la vraie Révélation 23

III Développement
1. Les vrais pouvoirs de la raison naturelle 35
2. Le catholicisme est la religion vraie parce qu'il est la vraie religion. 40

IV De quelques conséquences en matière politique 47

V   Il est rationnel qu'il y ait de l'irrationnel. 51

VI Contre le surnaturalisme, il existe dans le réel et dans l'homme un négatif non peccamineux. 55

VII Solution proposée : introduction du thème de la réflexion ontologique dans l'hylémorphisme thomiste
1. Exposition 65
2. Problématique du rapport nature-surnature 69
3. Application de la réflexion ontologique au problème du rapport entre nature et surnature 76

VIII Bilans
A. Point de vue doctrinal 83
B. Point de vue pratique 106

En guise de conclusions 119

Annexe : Quelques réflexions de bon sens concernant la question de l'autorité de l'actuel occupant du Saint-Siège 143

Novembre 2017
Reconquista Press
www.reconquistapress.com

www.ingramcontent.com/pod-product-compliance
Lightning Source LLC
Chambersburg PA
CBHW070620300426
44113CB00010B/1595